给孩子的**历史启蒙书** 少儿彩绘版

中国历史故事

8元

张 波 著

中华书局

图书在版编目(CIP)数据

中国历史故事.元/张波著.—北京:中华书局,2022.7
(中国历史故事)
ISBN 978-7-101-15724-6

Ⅰ.中⋯ Ⅱ.张⋯ Ⅲ.中国历史-元代-儿童读物
Ⅳ.K209

中国版本图书馆 CIP 数据核字(2022)第 074822 号

书　　名	中国历史故事(元)
著　　者	张　波
绘　　图	竞仁文化
丛 书 名	中国历史故事
责任编辑	刘德辉
责任印制	管　斌
出版发行	中华书局
	(北京市丰台区太平桥西里 38 号　100073)
	http://www.zhbc.com.cn
	E-mail:zhbc@zhbc.com.cn
印　　刷	大厂回族自治县彩虹印刷有限公司
版　　次	2022 年 7 月第 1 版
	2022 年 7 月第 1 次印刷
规　　格	开本/787×1092 毫米　1/16
	印张 5¾　字数 86 千字
印　　数	1-3000 册
国际书号	ISBN 978-7-101-15724-6
定　　价	25.00 元

精彩的历史，好看的故事

——致读者

几乎每个中国人都知道，中华文明有"上下五千年"之久，现代考古学研究则告诉我们，在五千年之前，中华大地上的聚落和城邑已星罗棋布，不同的群体聚居在各地，共同向文明迈进，最终汇聚成统一而包容的中华文明。今天，我们能从文字记载中考察到的中国历史，最远也可以上溯到那个文明交汇的部落时代——记录在神话与传说中。从远古的三皇五帝，到辛亥革命推翻帝制，几千年来，一代代史家用文字郑重地书写着我们民族的历史，从未间断，这在世界上是独一无二的。

前人为我们留下了数不清的历史文献，这些皇皇史册连缀起一条中国古代历史的长河，映照出了河水中的朵朵浪花——一个个跌宕起伏的故事、一群群生动鲜活的人物……

历史不是尘封的记忆，而是曾经活生生的现实，阅读历史也就是从另一个角度观照现实。人们常说"以史为镜"，读历史，可以让我们从前人的成功与失败中获取经验，总结教训，跳出自身阅历的局限，增长为人处世的智慧。而读中国历史，更能让我们了解中国传统文化，提高文史修养和综合素质，尤其有益于语文学习。

这套《中国历史故事》取材于"二十四史"、《清史稿》、《资治通鉴》等中国古代最重要、最有价值和成就最高的史籍，故事个个有出处。与满篇"之乎者也"的文言文原著不同，它用通俗活泼的语言讲故事，在故事里介绍历史上的重要人物和事件，并配有彩色卡通插图，读起来妙趣横生，一点也不枯燥。

故事后面的"知识卡片"可以让小读者了解每个时代的科技、文学等独特成就，有的篇章还总结了与故事相关的名言名句和源于故事的成语典故，希望小读者可以了解更丰富的传统文化，积累语言素材。部分故事的最后还设置了"你怎么看"环节，鼓励大家读完故事后积极思考，勇敢表达自己的看法，从小培养独立思考的习惯，促进辩证思维和创造思维的发展。

让小读者领略中华民族悠久而动人的历史，了解我们的祖先曾经走过的路，并能从中有所收获，是我们策划这套书的初衷。一代代中国人，正是阅读着这些精彩篇章长大的，而中国文化也正是在历史的阅读中传承与绵延。期待小读者能喜欢上我们这套彩绘版的《中国历史故事》，并且收获多多。

中华书局编辑部

目　录

成吉思汗的爷爷的爷爷的爷爷

天降奇子孛端叉儿

近一千万年前，印度、欧亚大陆板块剧烈碰撞后，亚洲东北部的蒙古高原开始隆起。这个高原东起大兴安岭，西至阿尔泰山脉，北界萨彦岭、肯特山、雅布洛诺夫山脉，南到阴山山脉，平均海拔约1600米。

高原上的风呼呼地吹个不停，吹过草地，掠过山岗。每年直到5月，春天才姗姗来迟，转眼间就进入夏季。7月，白天光照充足，最高温度可达35℃；晚上则凉风习习，温度又骤降20℃左右。9月到10月是高原的秋季，老天爷的脸喜怒不定，可能刚才还是晴空万里，霎时便狂风大作，飞沙走石，有时甚至会突降大雪。最难熬的是每年11月到次年4月，也就是漫长寒冷的冬季，平均气温为-30℃至-15℃，常有大风雪。但受太平洋和北冰洋水汽的影响，蒙古高原降雨较为适度，森林、鱼类等自然资源丰富，还拥有大片的草原。

这里从远古时代起就有人类居住，高原东部的大兴安岭生活着古老的室韦族部落，分为许多部族，其中一支就是蒙古人的先祖。据说在一次惨烈的部族战争后，蒙古部族先民几乎覆灭，只剩下少数人逃到山中。然而这个部族顽强地延续了下来，经过几代人的生息繁衍，又逐渐壮大起来。公元7世纪左右，他们向西迁徙到了今蒙古国境内的鄂尔浑河流域。

大约300年后，这个部族出了一个英雄，叫孛（bèi）端叉儿，他的母亲名叫阿兰果火。

阿兰生下两个儿子后，丈夫就去世了，她独自抚养孩子，过着艰苦的生活。相传，一天晚上，她看见一束白色的光从天窗直射下来，化成了一个金色的神人。神人伸出手在阿兰的肚子上摩挲（suō），还把他的光透进阿兰的肚子。阿兰非常惊诧，她坚信这只是个梦境。但没过多久，阿兰奇迹般地怀孕，生下了儿子孛端叉儿。这个孩子相貌奇异，很少说话，和他的两个哥哥完全不一样。

已经长大成人的两个哥哥心里很是纳闷，背地里议论："我们的母亲没了丈

夫，为什么还生了个儿子？"阿兰得知后，语重心长地说："我这个儿子是天神赐给你们的兄弟，他的后代一定有大富贵，甚至会做部族的头领呢，你们以后就知道我说得对不对了。你们兄弟之间一定要团结，千万不要相互猜忌！"

两兄弟听了面面相觑（qù），没说一句话。过了几年，阿兰去世了，兄弟们忙着分家产，各自独立建立家庭。他们没人在意孛端叉儿这个小弟弟，根本没留下任何家产给他。但孛端叉儿并没有埋怨他的兄长，反而说："贫贱还是富贵，这都是命运决定的。好男儿志在四方，有没有财产又有什么关系呢？我要到远方去谋生。"他带上弓箭，骑上大青白马，告别了兄长，独自一人往八里屯山跑去。

分分合合，兄弟创业

八里屯山水草丰美，是个落脚的好地方。孛端叉儿抽出刀除草伐木，没多久就搭建好了毡帐，帐顶及四壁没有皮毛覆盖，就先用茅草代替。

孛端叉儿走得实在匆忙，甚至都没有来得及带干粮，因此第二天一早他便决定去打猎。他骑在马上，远远地看到一只苍鹰正在奋力猎杀一只野兔。他心生一计，取下几根结实的野藤编成一条长长的绳子，做好了一个圈套。当苍鹰抬头的时候，他迅速用藤索套住了它，对它说："勇猛的苍鹰啊，你和我一样都是孤身一个，要不咱们一起做个伴吧。我打猎物饲养你，你帮助我抓猎物，好不好啊？"苍鹰好像听懂了他的话，低头听命。从此以后，这只鹰就和他相依为命，形影不离，仿佛是上天的礼物。

转眼间几个月过去，春天到了，万物复苏。一天清早，孛端叉儿被一阵吵闹声惊醒，原来是数十家牧民由遥远的地方一路迁徙到此。孛端叉儿非常高兴，急忙帮助他们搭建帐篷，还把自己所有的食物都分给他们吃，大家成了好邻居。

又过了半年，一天，孛端叉儿和往常一样架着鹰、骑着马在草原上打猎。走

着走着，他听到远方传来急促的马蹄声，定睛一看，一个人骑着马正朝他奔来。原来他的哥哥一直挂念只身离开的弟弟，担心他的生计，一路找寻而来。兄弟见面，不禁热泪盈眶，他们紧紧地拥抱在一起。

"弟弟，你受苦了！自从你走后，我每天都梦见你，担心你吃不饱，穿不暖。可没想到你本领这么大，现在生活得这么好！但你和其他部落的牧民生活在一起，恐怕不安全，要不还是跟我回去吧，兄弟间也有个照应。"哥哥哽咽着说。

"让哥哥担心啦！"孛端叉儿感激地说，"我愿意回去和哥哥们一起开创一番大事业！"

兄弟俩在返回部族的途中边走边聊这几个月的生活，说着将来的打算。孛端叉儿对哥哥说："眼下我就有个好建议。我住处附近的这几十家牧民已经脱离了他们原来的部落，现在无依无靠。俗话说'人身有头，衣裳有领，无头不成人，无领不成衣'，我们只要带些兵马就可以让他们臣服，这样岂不可以壮大我们家族的力量？"哥哥非常高兴，说："好主意！我们现在就快马加鞭去搬兵。"

孛端叉儿回到部族后便被派为先锋，带着一队壮士浩浩荡荡地开往八里屯山。那里的牧民抵抗了一阵，很快便归顺了他。也就是在这场战斗中，孛端叉儿遇到了一名漂亮且已经有身孕的女子，这名女子后来成为他的妻子，这个即将出生的孩子即是札木合的祖先。札木合既是成吉思汗的结义兄弟，也是他的仇敌。后来，孛端叉儿又明媒正娶了一位夫人，生下一个叫合必畜（xù）的儿子，这便是成吉思汗"曾祖的曾祖的曾祖"。

起死回生，家族越来越强

　　几十年过去，合必畜也长大成人，娶妻生子了。合必畜的儿媳妇名叫莫挐（ná）伦，性格非常刚烈。一次，其他部落的老人和孩子路过她的牧场，孩子们未经允许就挖草根来吃。草可是蒙古人的命啊！莫挐伦非常心疼，向他们大声喝道："你们这帮野孩子！这块草地是我们的命啊，你们怎么能破坏它！"说罢，一怒之下竟驾车冲了过去。她本想将孩子们冲散，将他们赶走，结果轧伤了很多孩子，还有的孩子被轧死了。

　　孩子们所在的部族得知消息后非常愤怒，派壮丁把莫挐伦的马群全部抢走，以示报复。马匹是蒙古人财富的象征，莫挐伦的六个儿子看见自家的马群被抢，

来不及穿上盔甲就急忙上马追赶。莫挐伦见状心急如焚，策马疾呼："孩子们，快回来！穿上盔甲再战斗！"

但是一切都已经晚了，莫挐伦的六个儿子全部被杀，她自己也惨遭杀害。全家只有她的长孙海都因为年幼而被乳母藏在乱木柴中，才得以幸免。

同样幸免于难的还有莫挐伦的第七子纳真，此时正在其他部落做上门女婿。纳真听闻家族惨剧，马上赶回，救出了侄儿海都和十几个老人，抢回了马匹。海都长大后，纳真便拥立他为汗（hán）王，这是蒙古历史上的第一位汗王。在不断的征伐中，蒙古部族的势力越来越大，周围的部族都纷纷来归顺。到了海都的五世孙汗王也速该，又进一步并吞了很多部族，蒙古人越来越强大。

也速该就是成吉思汗的父亲，元朝时，他被追谥为"烈祖神元皇帝"。

（故事源自《元史》《蒙古秘史》）

知识卡片

游牧民族怎样生活？

游牧民族主要从事畜牧、狩猎和传统的手工业制造。蒙古人是典型的游牧民族，特别重视马，部落的强弱一般都是通过马的数量及肥壮程度等来衡量的。狩猎和捕鱼的技能对游牧民族来说也很重要，食物匮乏时，他们还会采摘野果充饥。游牧生活离不开传统的手工业，人们用动物的皮毛制作衣服，用骨头制作弓箭。在经济上，游牧部落一般都可以实现自给自足，几乎没有商品交换。

游牧民族通常随着四季变迁不断迁徙，逐水草而居，没有特别固定的居所。蒙古人的"房屋"被称为"蒙古包"，古代称作"穹（qióng）庐""毡包"或"毡帐"。大的蒙古包可容纳数百人，可汗及诸王的帐幕可容纳两千人。

你怎么看？

秦末农民起义军首领陈胜曾说："王侯将相，宁有种乎？"而孛端叉儿却认为贫贱或是富贵是命运决定的。你怎么看待他们的观点？

困顿少年逆袭记

父亲被毒害

也速该本人就是部族中的一员猛将，曾自告奋勇当先锋，点齐兵马，浩浩荡荡杀向敌对的塔塔儿部落，大获全胜，并生擒了塔塔儿首领铁木真兀格，声名远播。

就在也速该班师回营的时候，突然有传令兵来报告："大喜，大喜啊！夫人生下了一名男婴。"

也速该非常兴奋，这简直是双喜临门！他快马加鞭，直奔营房。走进帐中，也速该轻轻地抱起儿子，怀中健壮的婴儿正大声啼哭，声音嘹亮。奇怪的是，婴儿柔嫩的小手心里紧紧攥（zuàn）着血块一样的东西。

众人纷纷道贺。"这是勇士的声音啊！"一个部将赞叹道。

另一个部将指着婴儿的手说："看到他手里没有？这孩子出生就握着一块凝血！上天是要他掌握草原的生杀大权啊！"

也速该激动地握着夫人诃（hē）额仑的手说："这简直太好了！我刚刚生擒敌人铁木真兀格，这个孩子就出生了，现在恐怕铁木真兀格的勇气都已经转移到他身上了，我们的孩子长大后一定是个勇士。夫人，我们就叫他铁木真吧。"

后来，也速该做了大汗，又相继有了五个儿子。

铁木真9岁的时候，也速该带他出去游玩，途中遇到了其他部落的首领。这位首领被铁木真的不凡气度吸引，当即决定要将自己10岁的女儿许配给他，他还请求也速该让铁木真在他家小住一段时间。也速该爽快地答应了，将铁木真留下，独自返回部落。

当也速该走到一处山头附近的时候，只见人声鼎沸，热闹非凡，原来是塔塔儿人在摆酒宴。塔塔儿人热情地邀请他入席，也速该生性豪爽，再加上一路饥渴

劳累，于是没有在意塔塔儿人曾经是战场上的敌人，便和他们一起吃肉喝酒，好不高兴。酒足饭饱后，也速该起身道谢，骑上马继续赶路。途中，他觉得肚子隐隐作痛，起初以为是感冒或劳累，并未在意，谁知回到家中，疼得越来越厉害，医治也没有什么效果。

"难道我中毒了？"他心里猛地一惊，于是马上叫来他的心腹，嘱托道："我的时间不多了，但我那可怜的儿子铁木真还住在别人家里，你快快去领回我的儿子，我想见他最后一面。"

铁木真赶回来时，父亲早已离开人世，孩子们围着父亲号啕大哭。他们的母亲诃额仑深知孩子们都还没长大成人，完全不可能像他们父亲一样控制和管理庞大的部落，因此她必须坚强，要尽快从悲伤中走出来，显示出力量来维持局面。

但部落还是开始分裂了。也速该原来的部下塔里忽台乘机夺取了领导权，他想尽办法孤立铁木真一家。接着，孩子们的叔叔，也就是也速该最信任的人脱端火儿真也要离开。铁木真潸然泪下，苦苦挽留。脱端却说："现在深池已经干了，坚硬的石头也已经碎了，我还留在这里有什么用？"说完，头也不回地带着追随者跑了。

铁木真想不明白，父亲死了怎么就变成了这样的局面。诃额仑也气不过，愤愤地说："真是树倒猢狲（húsūn）散。但是我们不能眼睁睁看着部落就这样散了！"于是，她亲自带领将领去追讨，直到把叛离者们打得七零八落才返回。

但这一切都无济于事，曾经臣服于也速该的部族也陆陆续续搬走了，牲畜等财产也都被抢夺一空，铁木真家只剩下几匹没有价值的老马，生活变得越来越困难。但处境越是艰难，诃额仑就越是充满勇气。铁木真每天都能看到母亲穿着短上衣，沿着斡难（wònán）河（即今鄂伦河）采集野果和野菜，在河里捉鱼。母亲从来都没有气馁，反而时常告诫铁木真兄弟们不要忘记为父亲报仇。

看着母亲这样劳累，孩子们特别争气，他们恨不得自己快快长大，这样就可以帮助母亲了。铁木真更是在心里暗暗发誓，一定要让家业再度兴盛，使仇人得到应有的下场。孩子们一天一天长大，成了不怕困难、身体强壮的男子汉，他们学会了许多在草原上求生的本领。

九死一生建功立业

部落的新首领塔里忽台可不想看到这样的情景，他害怕这几个孩子成为他未来的绊脚石，于是千方百计地要置铁木真于死地，以绝后患。一天，几百人带着武器包围了铁木真一家的住所，他们大声叫嚣："我们这次来只抓铁木真，其他的人不要多事！"眼看着敌人要杀死自己的兄弟，大家赶紧想办法，让铁木真逃进了一片树林。

铁木真在树林里整整躲了九天九夜，但是敌人仍然没有离开，他实在没有吃的了，只好走出来就擒。塔里忽台哈哈大笑："原来传说中的勇士也不过如此。来人，给他戴上枷锁，押到各个村落示众！"

可怜的铁木真就这样在囚禁中度过了一天又一天。每当夜深人静，他都会想起母亲辛苦劳作的身影和坚强的面庞，一想到这，身上的伤也不痛了，受到的各种羞辱也不在意了，反而浑身充满力量。一个坚定的想法在铁木真的头脑中生长：一定要坚持下去！一定要想办法逃出去！我要做草原的雄鹰！

终于，在一个皓月当空的夜晚，趁看守们都在喝酒赌博，没有人注意他，铁木真抓住机会，用枷锁把看守打晕，逃了出来。他不停地飞奔，来到河边纵身一跳，借助木枷的浮力，顺着斡难河漂流而下。

上天眷顾这个孩子，在危急的时刻，铁木真遇到了愿意帮助他的好心人。那人对铁木真说："你之所以被他们追杀，是因为你神奇的出生。你和普通人是不一样的，你脸上有光，眼中有火！你放心地藏在水里，我绝不会向他们告密。只要等他们搜寻完毕，我就来救你。"

这个人果然没有食言，待前来搜捕的大兵走后，他们一家找到了铁木真，砸开了枷锁，并将它一把火烧掉。他们担心敌人还会来，便决定把铁木真藏在库房中装羊毛的车里。几天后，敌人果然又派兵来搜查，他们搜遍各处，这辆车也不打算放过。铁木真眼看就要暴露，这时只听见恩人大声地说："这么热的天，藏羊毛里，还不被热死啊！"几个军士一听，觉得有道理，就跳下车往别处搜查去了。

铁木真终于得救了！他拜别了救命恩人一家，找到了自己的家人。全家重逢，别提有多高兴了。诃额仑当即决定全家迁移，躲开敌人。

铁木真一家刚刚落脚，一天，远处来了一队马帮，大概有十几人。这是一伙马贼，他们专门找单家独户下手偷马。铁木真发现家里八匹高大的马被他们偷走了，而家里只有他一人。怎么办？在这关键时刻，他丝毫没有考虑自身的安危，披上战甲，提着父亲留下的牛尾缨子枪，跨上马便去找寻马匹。

在这次艰难的寻马过程中，他遇到了一名得力战将——号称"四杰"之一的勇士孛斡儿。他们一见如故，结成为生死之交。两人骑马一起找了三天三夜，终于找到了铁木真家的马，并成功套回。马贼听到动静，追赶过来。铁木真不慌不忙，弯弓搭箭，瞄准马贼。马贼见情况不妙，就跑远了。

不久后，铁木真结婚了。他的朋友勇士孛斡儿也住进了铁木真家，他们一起练习武艺，讨论草原大势。日子一天天过去，铁木真的势力不断壮大，蒸蒸日上，父亲的旧部纷纷来投，大家一致推举他做新首领。

（故事源自《元史》《蒙古秘史》《史集》）

知识卡片

蒙古人的独特习俗

早期的蒙古族社会并没有法律，大家普遍遵守在漫长的历史发展中自然形成的生活习惯和规则，比如禁止破坏草地、禁止污染饮用水源等。蒙古人有原始的宗教信仰，崇拜日月、山川、雷电等自然现象，认为天是世间最高的神灵，称为"长生天"。蒙古男性穿比较窄的袍子，留发辫，还要佩戴耳坠等饰品；蒙古妇女要戴称为"固固冠"的高高的帽子。

你怎么看？

有人认为铁木真是因为"神奇的出生"才成为"一代天骄"的，你认为是什么原因使得铁木真获得了成功？

铁木真当上成吉思汗

多年兄弟终反目

铁木真当上首领后，招抚邻近的部落，同时还注重团结其他部落。虽然铁木真和众人尽心尽力，但部落还是遇到了大麻烦。

在今蒙古国乌兰巴托东南克鲁伦河上游地区，有一条波澜壮阔的萨里河，铁木真的表叔搠（shuò）只和他的部落就居住这里。而在不远的玉律哥泉，铁木真的安答（异姓兄弟）札木合的亲弟弟就在那里安营扎寨。

札木合与铁木真从小结为兄弟，情谊深厚。也速该死后，手下部众纷纷离去，铁木真一家遭到沉重打击。艰难岁月里，札木合帮助铁木真重振家业和部族，打败强敌，还曾从敌人手中夺回铁木真被掳走的妻子。

可是，看着从小一起长大的安答成了大汗，心高气傲的札木合心里真不是个滋味儿！他也是横扫千军的勇士，也有称雄草原的雄心壮志，怎愿

居于人下？可他身上有外族血统，没有资格做大汗。强烈的嫉妒和对权力的渴望烧灼着札木合的心，他疏远了铁木真，想要向世人证明自己的实力。

一天中午，手下慌忙跑来向搠只报告，说有人把他们的牧马掠走了。搠只马上调集人马，追赶而去。

跑了好半天，搠只终于发现了被掠走的马匹。他和几个勇士下了马，悄无声息地靠近黑压压的马群，借助马群的掩护，终于看清了贼人。搠只弯弓搭箭，只听"嗖"的一声，为首的贼人立刻掉下马来。搠只大喊："哪里来的大胆贼人，敢偷我搠只的马匹！"说罢便指挥大家进攻。刹那间杀声震天，贼人四处逃散。

可谁都没有想到，搠只射杀的那个人竟然就是札木合的弟弟。札木合闻讯大惊，怒道："铁木真忘恩负义，竟然纵容叔叔射杀我的弟弟！此仇不能不报！"于是他联合周围的部落，集合了三万兵力，浩浩荡荡地来讨伐铁木真，扬言要将他一举歼灭。

消息来得太突然，铁木真来不及准备太多，匆忙迎战。两军较量了一番，铁木真毕竟寡不敌众，便向西北撤退了，据说他远逃了三百多里。

扎木合打了胜仗，志得意满，心想着铁木真就此成了他的手下败将，好不快意！胜利的喜悦和杀戮的野性冲昏了他的头脑，他转身便向那些和铁木真亲近的人举起了屠刀。扎木合整军而回，在班师的途中下令将俘虏里面拥护铁木真的部族首领们统统抓起来，然后架起许多大锅，把这些人扔到了锅里，活活煮死了！

这样野蛮残忍的行径，反而让原本站在扎木合一边的部族首领们寒了心、害了怕——有谁会愿意待在疯子和杀人狂的身边呢？结果他们也率部众去投靠铁木真了。

就这样，铁木真反败为胜，扎木合反胜为败。铁木真麾下的部族和兵马越来越多，渐渐恢复了元气，又取得了许多胜利，他还消灭了塔塔儿部落，为父亲也速该报了仇。

君王的度量

虽然许多部落都来投靠，但是附近最为强大的一个部族泰赤乌人迟迟没有来归顺铁木真，并且，也速该活着时，还同对方打过仗。铁木真想："难道他们是怕我追究过去的事，所以不敢来归顺？"想到这里，他慢慢有了主意。

一天，铁木真在打猎的时候，和泰赤乌中的一部"偶遇"了。随从马上向铁木真请战，铁木真却冷静地说："我们大家都是在打猎，他们也没有要进攻我们的意图。我看倒不如这样，你们都在这里等着，我亲自去和他们谈谈。"说罢，铁木真便下了马，不带任何武器，径直向对方走过去。随从们焦急地观望着，做好了随时开战的准备。

铁木真走到对方头领的跟前，说道："兄弟们，难得我们在打猎的时候相遇了。你们其实是和我铁木真有血缘关系的部族啊，只是后来分开了。今天既然相逢，就让我们像兄弟一样，晚上住在一起，大家一起高兴高兴吧！"

看着铁木真只身前来，没有携带武器，再听他这么一说，对方感到非常震惊，又被铁木真的气量打动，觉得眼前这位蒙古大汗真是名不虚传。这时，对方头领回话了："这个建议真不错，可我们有四百多人要吃喝啊。"铁木真哈哈大笑："别说区区四百人，就是四千人的吃喝，也都算在我头上！"这一夜，大家一起同住，开怀畅饮。

第二天，大家又一起狩猎。铁木真指挥手下把猎物都赶到对方眼前，让他们满载而归。这让对方很受感动，大伙儿悄悄议论说："泰赤乌首领虽然和我们部族称兄道弟，却常常偷我们的车马，夺我们的吃喝，根本没有君王应有的度量。有君王度量的恐怕只有铁木真吧！"

后来，草原上到处传颂铁木真的宽宏仁义，引得更多的部族来投奔他，曾经射死铁木真战马的赤老温也来归降。对曾经的对手，铁木真一概既往不咎，还在斡难河边摆下隆重的酒宴欢迎他们。

草原上最后的敌人

随着铁木真的势力日渐壮大，一些敌对部落与他的矛盾也越来越大。公元1201年，12个部落组成联军，推举札木合为大汗，攻打铁木真，但最终被铁木真击

败。几年间，铁木真的大军在蒙古高原上纵横驰骋，征服了不少部落。他的一些对手溃败后向西逃窜，投奔乃蛮部落的太阳汗。"乃蛮"的意思是"八"，乃蛮部落由八个实力强大的子部落组成，他们是匈奴人的后裔。

这些败将纷纷怂恿太阳汗赶快出兵，太阳汗也害怕铁木真对自己产生威胁，于是便联系被铁木真打败的札木合，以及周边和铁木真有仇的部落，打算合力歼灭铁木真。

铁木真截获了这个重要情报，他可不想坐以待毙，便决定先发制人。他召集将领商讨对付太阳王的办法。部分将领认为眼下正当春天，马匹瘦弱，不是作战的时节，应当等到秋天马肥了再说。铁木真的弟弟斡赤斤喝道："既然准备开战，就应当及早决断，怎么能以马瘦作为托词？"大将别里古台也坚定地说："一战而胜，乃蛮连同其他敌人便可以一并消灭，岂不是大好事！"铁木真听后非常高兴，

下定决心，亲率大军讨伐乃蛮。

公元1204年春天，两军在建忒（tè）该山脚下扎营对峙，双方都在等待时机。突然，铁木真军中有些瘦弱的马匹受惊，跑到乃蛮营中去了。铁木真的对手们一见他的战马这样瘦弱，认为他简直是来送死，纷纷请太阳汗开战。太阳汗不想被其他部落耻笑怯懦，便跳上马提枪挑战。铁木真指挥军队，沉着迎敌。

此时，札木合埋伏在山头，看见铁木真一方旌旗招展，军容整齐威严，便对部下们说："太阳汗把铁木真的部队看得像小羊羔一样，以为会杀得他们片甲不留。可依我看，敌方的气势早已今非昔比。太阳汗如此轻敌，一定会失败！"于是便悄悄带着他的部队撤走了。

这一天，铁木真和乃蛮军队一直大战到太阳落山，最后擒杀了太阳汗。太阳汗所属各部全部溃败，逃命的士兵掉下悬崖摔死的不计其数。第二天，剩下的乃蛮残部和其他部落也全都投降了。自此，草原上没有铁木真的对手了。

公元1206年春，各部落在斡难河召开大会，一致推举铁木真为"成吉思汗"。铁木真建号立国，统一的"大蒙古国"政权诞生了，"蒙古"成了草原上各部族共同的名字。

（故事源自《元史》《蒙古秘史》《史集》）

知识卡片

"成吉思汗"是什么意思？

"成吉思"是蒙古语，有多种解释：一种认为这个词源于突厥语tengiz，意为"海洋"，"成吉思汗"意即"拥有海洋四方的君主"；一种认为"成"是强大、坚强的意思，"成吉思"则是这个词的复数，指的是强盛伟大的君主；还有一种认为这个词来源于古突厥语Chingis，意为"可怕的""强健的"，"成吉思汗"的意思就是"威力令人畏惧的君主"。

你怎么看？

读了铁木真化解和"敌人"的矛盾、变"敌人"为"战友"这些故事，你认为他是一个什么样的人？

蒙古大军横扫中原

图谋中原

蒙古建国，成吉思汗成了草原的最高统治者。他大封功臣，近百人被封为千户，这些千户统领之下，每户至少有一个身强力壮的军士，因此全蒙古就有近十万的精锐力量。他颁布法律，设置了最高"断事官"，以使赏罚分明。为了保证正确决策，他还专门设置了四人做"谏官"，还有五个人一起协助他处理机要事务。成吉思汗还命人用畏兀儿字母写蒙古语，创造了蒙古文字。

在斡难河畔论功行赏之后，成吉思汗下令宰牛杀马，大宴群臣。喝到半醉时，他问臣下："人生在世，什么事才是最快乐的？"

大将木华黎应声答道："荡平世界，一统乾坤，成就一番前所未有的霸业，这

将是我的人生第一乐事。"成吉思汗拍掌说："不错! 这才是我认识的木华黎!"木华黎是成吉思汗最信任的将领,他最开始只是个奴隶,成吉思汗慧眼识珠,把他培养成了战功卓著的第一功臣,封万户。

另一位万户博尔术(zhú)接着说："我最高兴的事是骑着高头大马,带着心爱的弓箭,携伴架鹰,驰猎于旷野。"

成吉思汗听罢,感叹道："好啊! 我也想和你一起策马奔腾! 人生短暂,时光飞逝,能做自己喜欢的事,才是最大的乐趣!"说完,他举起酒杯,对木华黎、博尔术说："你二人有万夫难敌之勇,我统一草原,全仗你们的功劳。我有你们辅佐,就如同车有了辕,雄鹰有了翅膀。我们要如亲兄弟一样,同心协力,开创大业!"

干了杯中酒,木华黎接着说道："要成就霸业,我们就不能只待在草原上。我们要以草原为基业,进取中原,就像翱翔的雄鹰,到万里之外,看看不一样的风景。"

成吉思汗点头说道："和我想的一样。对进图中原,你一定早就有一番谋划了,快给我说说!"木华黎自信地说："我们可以先攻取西夏,再灭掉金国,继而伐宋。"成吉思汗非常赞同："要稳定大草原,就要向西征伐那些还没有臣服之意的国家,尤其是要攻下西夏。去年我们攻打西夏,未能取胜,接下来我们还是从进攻西夏开始吧!"

公元1207、1209年,蒙古先后两次攻打西夏,西夏难以招架,向金国求援,金国却坐视不救。蒙古军队长驱直入,包围了西夏国都中兴府(今宁夏银川),打算引黄河水灌城,但没有成功,反而自己被淹,只好撤军。西夏王李安全趁机和蒙古议和,表示愿意称臣纳贡。

野狐岭上分高下

失去了西夏这个外援,金国的防御也大大削弱了。公元1211年,蒙古军队大举南下进攻金国。为了防御蒙古大军,金国在塞北修筑了三百多里长的战壕和工事,并将重兵屯驻在要塞野狐岭(在今河北张家口)。野狐岭极为险峻,金兵驻守在这里,占据了"一夫当关,万夫莫开"的地势。金国君主完颜永济派了四十万大军来增援，据天险死守。

可是，虽然野狐岭高峻的山峰就是天然的防御阵地，但大大小小的山头同时也会分散守军的兵力，金军指挥命令传达的速度、部队互相配合和救援的效率都大打折扣。如果蒙古人集中进攻其中的一个关隘（ài），其他地方的守军就相当于全部闲置。领悟到了这一点，木华黎向成吉思汗主动请战，亲自带领一路重兵，借助内线提供的情报，突破最重要的关隘。他指挥敢死队，挺枪策马，率先冲入金军阵中。因为山势险要，蒙古军全部下马步战，凭借高昂的斗志和锐气杀得金军大败。木华黎部一路径直向金军的指挥部冲击，成吉思汗则指挥大军跟进，往来冲杀。金军兵败如山倒，主帅仓皇逃走，士兵的尸体堆满了山谷。

野狐岭一战，金军的有生力量几乎消灭殆（dài）尽，再也无力抵抗蒙古，只能苟延残喘。金国内部也发生了政变，完颜永济被杀。蒙古大军横扫中原，一路打到辽西，又包围了金国的都城中都（今北京），金国新主金宣宗只得纳贡投降。

蒙古军队占领了金国大片土地，在中原劫掠了一番，满载而还。

领教过蒙古军队的强大和可怕，金宣宗被吓破了胆，一想到被蒙古人围困在中都城里的日子，那种恐惧和绝望就令他窒息。蒙古大军撤离后，金宣宗就慌忙迁都到汴（biàn）京（今河南开封）。

可是，成吉思汗打定了要灭亡金国的主意。过去，蒙古各部受金国的统治，遭受着残酷的剥削和压迫，成吉思汗的先祖俺巴孩汗就曾被金国以反叛的罪名钉在"木驴"上处死。如今双方势力强弱已经逆转，成吉思汗志在必得。

木华黎率军南下

公元1217年，成吉思汗封木华黎为"国王""天下兵马大元帅"和"太师"，命人制作了自己才用的旗帜赠给他作为军旗。成吉思汗还特地拨了十支部队交给木华黎指挥，并对他说："你的封国，子孙后代可以代代相传，永不断绝。如今我亲自统治太行山以北，而太行山以南的广大地区就交给你去打理了。"说完他便将战旗赐予木华黎，并对所有将领讲话说："以后见此旗，就如同见到我！木华黎发出的号令，就如同我亲自发出的一样。大家努力吧！"

木华黎的大军号称十万，但他明白这支部队是个"杂牌军"，主力不过两万余人，要消灭还有几十万大军的金国并不容易。

木华黎想到了一个好计策，在作战会议上他分析说："我们这次南下的目标主要是河北和山东，这两个地方有什么特点？"他停了停，扫视了一圈手下众将，接着说："这些地方不仅我们要争夺，金和宋也在争夺。这些土地名义上属于金，但实际上被一些地方豪强控制着。因此，我们要拉拢这些地方势力，而不能像过去那样一味地消灭他们。"

有将领担忧地说："那我们要授予他们什么官职呢？这些地方豪强各有各的打算，谁的力量大就服从谁，难保他们将来不会背叛我们。"

木华黎哈哈大笑："有道理！不过，这都不必太担心。只要愿意为我所用，他们在金国是什么官职，在我们这儿就是什么官职！至于背叛，那也肯定会有的。但是，只要我们不断取得胜利，就不怕他们背叛，他们也不敢背叛！"

众将心领神会，纷纷夸赞木华黎高明。就这样，蒙古大军一路攻下了河北、山东等地，虽然后来山东再次被金人夺回，木华黎也不计较，继续向山西、陕西用兵。许多地方武装力量在战争中见识到蒙古军队的实力，纷纷归附，木华黎也一律授予他们和原来一样的官衔，利用他们继续加强对当地的管理。就这样，大片中原土地并入蒙古的疆土，木华黎的军队也像滚雪球一样越来越壮大。木华黎在6年内几乎扫平了中原，他拉拢各族各地

方力量的举措也为蒙古最终入主中原奠定了坚实的基础。

1223年，在陕西渡过黄河后，木华黎不幸染病，病情越来越严重，他在弥（mí）留之际召来了弟弟，语重心长地说："兄弟，我的时日不多了，为国东征西讨四十年，我死而无憾。眼看金国就要完全灭亡了，你要努力帮助兄长实现这个梦想！"

木华黎带着遗憾病逝于军中。

（故事源自《元史》《金史》）

知识卡片

元曲：元代的流行文学

继唐诗、宋词之后，盛行一时的文学体裁是元曲。元曲包括散曲和杂剧两种文体，散曲就是可以单独演唱的零散的曲子，杂剧则是由曲子、对白等组成的剧本。关汉卿、马致远、郑光祖和白朴并称"元曲四大家"。元散曲和元杂剧题材丰富多样，创作视野宽广，反映生活鲜明生动，人物形象丰满感人，语言通俗易懂，是我国古代文化宝库中珍贵的遗产。

你怎么看？

故事中成吉思汗等人讨论了什么才是人生中真正快乐的事，你赞同谁的观点？你认为人生中最快乐的事是什么呢？

西征花剌子模

糊涂国王惹错了人

公元1217年，成吉思汗将伐金的重任交给木华黎后，开始向西进军。蒙古的西边，今新疆吐鲁番东几十里的地区，史称"西州"，当时那里生活着"西州回鹘（hú）"人，他们是畏兀儿人的一支，受契丹西辽帝国的统治。西州回鹘不满于西辽高额的税收，在成吉思汗打败南蛮部落后，决定归顺蒙古，便杀死了西辽官员，断绝和西辽的关系，向蒙古投书纳降。成吉思汗非常高兴，把自己的女儿许配给了西州回鹘的首领，令他统兵一万人，作为西征的先锋。畏兀儿人自此和蒙古保持着良好的关系，他们在元朝时被称为"色目人"，始终是皇室的亲戚。和畏兀儿人一样归降蒙古的还有今新疆和青海北部的一些部族。

后来，成吉思汗灭了西辽，自然也废除了一切苛捐杂税。这样，蒙古就和中亚的花剌（là）子模国有了接触。

花剌子模原本是古波斯帝国的一个行省，其核心统治区域在今乌兹别克斯坦，有军队四十余万，是个实力强大的国家。成吉思汗暂时没有和他们作战的计划，于是便想和其君主阿拉·乌德丁·摩诃末交好。他亲笔写了一封信给乌德丁，说："现在大蒙古国和贵国接壤，我们就是邻居了。我希望我们两国之间可以友好往来，造福两国百姓。"成吉思汗派了三名使臣带着他的亲笔信去拜访乌德丁，乌德丁同意与蒙古国通商。

蒙古商人听说可以和中亚国家直接做生意，别提有多高兴了。过去，他们只能通过西辽间接地和中亚商人进行贸易往来，而西辽税收很重，商人所剩的自然很少。因此，两国一通商，便有近五百个蒙古商人前往花剌子模，他们都想在第一次商贸中大赚一笔。

然而，这些商人一到花剌子模就被抓了起来，未经任何询问就被当成间谍，在边境被就地正法。成吉思汗得知后极为愤怒，好在有部将提醒他要先摸清情况，于是他赶紧派使臣去一问究竟。谁知这次竟然连使臣也被杀害了，没有一人回到蒙古。

成吉思汗百思不得其解，召集众人讨论对策。有部将进言说："我听说乌德丁仗着自己有四十万大军，十分轻视我们，根本就不想和我们友好往来。"

　　"大汗，这一仗看来是不可避免了。我们要给无辜死去的蒙古商人的家庭一个交代啊，不然我们还怎么立足？"部将们纷纷请战。

　　成吉思汗决定亲率六十万大军出征，部下担心他的身体吃不消，他却说："我戎马一生，不在军中，总是不放心，更何况是征讨一个还不知底细的国家。我现在精力还很旺盛，一时半会儿死不了，就是死，也要死在战场上！"

　　一路上，蒙古军队一改过去每到一个地方必然抢劫的恶习，他们遵行新的军令，所到之处秋毫无犯。一路都有部族来降，愿意派兵一同西征。这年冬天，大军来到花剌子模的一座军事重镇附近，成吉思汗兵分四路，自己带着最小的皇子托雷亲率一路兵马攻城。

　　"那个成吉思汗亲自率领大军打过来了！"乌德丁的密探紧急来报。蒙古人来得这么快是乌德丁没有想到的，因为他屠杀蒙古商人和使节，原本只是为了试探

蒙古的虚实。乌德丁忙召集众将商议。

"蒙古人远道而来，有什么可怕？""听说带兵的是个老头子，这不是来送死的吗？"众人都很轻视蒙古军队。只有乌德丁比较冷静，他早已听闻蒙古骑兵的厉害，力排众议，说："蒙古军擅长骑兵冲击作战，我们肯定不是他们的对手。因此，我们要避其锋芒，让他们的骑兵找不到对手。我决定将全国的军队都分散到若干城市和乡镇，形成一个个军事据点，避免与蒙古骑兵进行阵地战，在保存实力的同时还能出奇兵攻击蒙古军。"

这个战术果然让蒙古骑兵苦不堪言，战争初期，蒙古人攻下一座城池就需要近半年的时间，战斗异常惨烈。

但是，蒙古人也在战斗中逐渐掌握了破敌的方法，那就是集中兵力将这些据点逐个击破。就这样，花剌子模的军事力量不断减少，最终不能形成有效的抵抗。

花剌子模的国都撒麻耳干是中亚人口最多的城市，城内有数量庞大的守军。怎样攻夺这样的大城市？成吉思汗采取"迷惑"战术，他下令将俘虏组织起来，每10人就用一面旗子，装作士兵的模样不断在城外操练，制造声势，一时间旗帜飘扬，杀声震天。在强大的心理攻势下，守军被围困了4天后开城投降。

乌德丁早就担心撒麻耳干被攻破，蒙古大军兵临城下之前他就跑了，他根据军事情况的变化，在不同城市间不断迁移。最后，由于不断辛苦跋涉，他病死他乡。他的儿子札阑丁继位，成为成吉思汗在中亚最难对付的对手之一。

千军万马捉不住的札阑丁

蒙古军队越来越占据上风，花剌子模大半国土丢失。面对颓势，札阑丁毫不惧怕，坚决抵抗。为了找寻更好的应对策略，他常常深入民间了解民情，鼓励人民积极反抗蒙古军队的进攻，保卫自己的家园。就这样，有些已经被蒙古占领的城市出现了暴动，市民杀死当地的蒙古官吏。经过札阑丁的动员，六七万人聚集到他麾下战斗，这支军队第一次成功击溃了3万蒙古军队。成吉思汗急忙派军队来救援，但札阑丁的军队已经撤向印度。

在距离印度河大约1公里的地方，札阑丁望见远处尘土飞扬，料想蒙古军队已经赶到，他知道来不及渡河，只好背水一战。这时，札阑丁的军队只有不到3万

人了。他们沉着迎战，右翼率先取得胜利。蒙古军也不甘示弱，利用自己的兵力优势，直接把札阑丁的中军和右翼冲散，分而歼之；同时用云梯进攻札阑丁布在山顶的左翼守军。战斗非常惨烈，最后，札阑丁几乎全军覆灭。

站在高高的山顶上，札阑丁见大势已去，仰天大呼："上天啊，您是要我灭亡吗！？"说罢策马一跃，从数丈高的悬崖上跳进了滚滚的印度河。

蒙古人看得清清楚楚，料定他不是摔死就是淹死了。谁料札阑丁竟然还活着！他在蒙古大军的眼皮底下就这么游走了。成吉思汗不禁感慨："我从来没见过这么勇敢的人！"蒙古人沿河一路搜寻，最终还是没有抓获札阑丁。

虽然没有擒获札阑丁，但这支蒙古军队又与钦察人交战，获得了今俄国境内的大量领土。

公元1222年，成吉思汗东归，第二年，到了成吉思汗定下的"三年之内回军"命令的最后期限，蒙古军队班师回朝。后来，成吉思汗把钦察与花剌子模的领土分封给了长子术（zhú）赤，建立了钦察汗国，成为蒙古帝国的一部分。

（故事源自《元史》《史集》《世界征服者史》）

知识卡片

稀世珍品元青花瓷

青花瓷是元代最著名的瓷器，工艺最好的要数景德镇生产的青花瓷，构图丰满，层次多而不乱。元代青花瓷器造型多样，一改传统瓷器含蓄内敛的风格，采用进口的苏麻离青颜料，青花纹饰呈色浓艳深沉，给人以鲜明的视觉效果。

元青花以豪迈气概和艺术原创精神，将青花绘画艺术推向顶峰，促进了后世青花瓷工艺的长期繁荣。如今，存世的元青花几乎件件可称得上是稀世珍品。

你怎么看？

成吉思汗的西征毁灭了一些国家，也促进了不同文明之间的交流。对此你怎么看？

窝阔台强权

窝阔台称汗

公元1223年，木华黎病逝军中。听到这个消息，金宣宗终于长长地出了一口气，他知道成吉思汗的大军正在西征，不可能马上回来。金国大臣们也纷纷建议赶紧和西夏结盟，以更好地防备蒙古。西夏君主也正有此意，于是金夏联盟又迅速结成。这一年年底，金宣宗驾崩，儿子哀宗继位。

得知木华黎的死讯，成吉思汗不禁感叹天妒英才，同时他也察觉到了局势的改变，于是暂时结束西征，以中原霸业为主。此时，成吉思汗也已重病在身，他想在活着的时候实现灭夏平金的伟业，于是决定首先就近消灭西夏。

公元1227年，成吉思汗病逝于灵州（今宁夏灵武一带），终年66岁，他和他的战

友木华黎最终没有看到统一西夏和金国的那一天。在临死之时，他对随军的儿子和将领们说："西夏迟早会投降，我们下一步的重要行动莫过于灭亡金国。金的精兵在潼（tóng）关，潼关背靠黄河，南拒华山，非常险要，难以从正面攻破。但是，我们可以利用宋金之仇，向宋国借道来灭金，直取汴京。汴京危机，潼关的精兵必来救援，我们以逸待劳，一定能获胜。"不久后，西夏王李睍（xiàn）果然来降，被蒙古人杀掉，西夏灭亡。

成吉思汗生前指定四个儿子中最聪明仁厚的三儿子窝阔台继任大汗。按照传统，公元1229年，蒙古贵族大会"忽里台"正式推举窝阔台为大汗。继承了父亲建立的强大帝国，窝阔台不仅要进一步稳定统治，还要完成父亲的遗志。

一举灭金

第二年，按照成吉思汗生前的部署，蒙军新一轮的灭金攻势开始了。和以前蒙古军队的闪电进军不一样，开头三年进展并不快。而且，这次南征，蒙古军队一改劫掠、屠城的习惯，只要敌人投降就可以免死，避免滥杀。谋士耶律楚材向窝阔台建言说："军事征伐后，我们还要进一步团结当地百姓。这些金国统治下的汉人熟悉华夏文化和习俗，请大汗允许我在这些地方开办学校，选拔当地受尊敬和有文化的人来教化百姓。"窝阔台一一应许。

后来，金国派代表来求和，还送来了亲王做人质。窝阔台见无法立即攻下汴京，于是便留下自己的心腹大将、外号"旋风将军"的速不台继续留守，围困汴京。

汴京城里，金国君臣人心惶惶，支撑了一阵，速不台就破了城。金哀宗逃到了河南蔡州。速不台迅速奏报，希望窝阔台派军队一举剿灭金国残余势力。

"大汗，统一中原的时机终于来了！我们现在就可以用成吉思汗确定的战略，约宋出兵，一举灭金。如果宋不出兵，那我们就有理由攻打他们。如果宋出兵，我们就先灭金。"谋士也向窝阔台献计，窝阔台表示同意。

但金国早已派使者到了南宋，希望能借粮抗蒙。金国使者对宋理宗说："现在蒙古已经灭了几十个国家，西夏也灭亡了。我们大金也可能即将灭亡。唇亡齿寒，你们一定是蒙古的下一个目标！而如果宋金联合，借我粮草抗敌，我国幸免于

难，还可以牵制蒙古。"

　　金国使臣的话，宋理宗根本听不进去，反而决定联合蒙古一起灭金。南宋送兵送粮到蔡州去，协助蒙古军攻城。公元1234年春，蔡州被攻破，金哀宗自杀，金国灭亡。宋、蒙以陈州、蔡州为界划分领土，北面归蒙古，南面归南宋，蒙古大军随即北返。

　　"陛下，请您立即下命令，这是我们能收复故土的最好时机啊！"朝堂上，有人向宋理宗建议道，很多大臣纷纷附和。原来，南宋君臣的志向绝不止于现在划定的边界，而是想要恢复"靖（jìng）康之变"以前的北宋疆土。

　　但是宋理宗又下不了决心，担心蒙古人会再次打过来。群臣见皇帝不动声色，也就没有再提。但这个消息却飞也似的传到了边将耳朵里，他们决心一不做二不休，先抢占时机收复"失地"再说。于是在灭金两个月后，宋军出兵，顺利"收复"了已经残破不堪的汴京、洛阳等城。

　　因此，蒙古以破坏协议为理由进攻南宋，宋蒙战事再起，持续了近半个世纪。

蒙古第二次西征

就在蒙古兵东征灭金的时候，西域发生了叛乱，发动叛乱的人就是那个跳印度河西逃的花剌子模国王札阑丁。札阑丁逃脱后，部卒也大多渡过了大河，沿途抢掠衣食为生。蒙古军撤退后，他开始在西域、中亚地区兴风作浪。窝阔台便派大军剿灭花剌子模残部。

当时天寒地冻，札阑丁正在饮酒，听了军报也毫不在意："知道了！担心什么？天气如此寒冷，敌军怎么可能马上赶到？"说罢又端起酒杯，照喝不误，喝醉了便呼呼大睡。

谁知第二天一早，蒙古军前锋已经杀到。札阑丁残部措手不及，慌忙迎敌，厮杀了一阵部队就拼光了。札阑丁成了一个"光杆司令"，逃进库尔德斯坦山中，被库尔德人劫住杀死。

至此，中亚里海、黑海之间的地区全都被蒙古平定，只有钦察以北还没有归服。窝阔台打算趁机进兵西征，1235年，他起兵十五万，命侄子拔都为统帅，"旋风将军"速不台为先锋，皇子贵由、皇侄蒙哥等人陆续进发。蒙古军队兵分四路，势如破竹，一路打到波兰、德意志、匈牙利等地区，震动了整个欧洲。

窝阔台酗酒而亡

窝阔台在位期间，修明法度，把蒙古管理得井井有条，他还建立了一个固定的政治中心作为首都，称为和林。但是，晚年的他丧失了年轻时的自律，沉迷饮酒，一天到晚喝个不停。耶律楚材看在眼里，非常心痛，想到了一个办法劝谏窝阔台。他拿着一个生锈的铁酒杯，严肃地对窝阔台说："大汗啊，请您看看，这个铁制的酒杯是我用酒泡过的，现在都已经被腐蚀成这样了。而我们人的五脏六腑都是肉做的，长期饮酒，我们的身体怎么能承受呢？"

窝阔台有所领悟，但是始终没有毅力彻底戒酒。在他做大汗第13年的早春，打猎回来后他就因为饮酒过多而病危，虽然经过静养有所恢复，却留了病根。到了这年冬天，窝阔台又说："我们蒙古人驰骋天下，围猎才是人生的大快事！"于是不顾病情出猎五天，一直策马到呼兰山，晚上开怀畅饮，最终一命归天，终年56岁。

　　窝阔台的死讯传到西征前线，在欧洲的蒙古大军才停止进攻，撤回东方，西欧、英格兰幸免于难。窝阔台的死改变了历史。

（故事源自《元史》）

知识卡片

元朝先进的"快递"网络

　　成吉思汗建立了世界历史上疆域最大的帝国。为了适应对广大领域的统治，蒙古统治者进行了积极的改革，使邮驿有了很大发展。早在成吉思汗时代，蒙古就在西域地区新添了许多驿站。窝阔台和拔都更把驿路一直横贯到欧洲。元世祖忽必烈统一中原后，在辽阔的国土上建立了严密的"站赤"制度，使邮驿通信十分有效地发挥效能。"站赤"是蒙古语"驿传"的译音。元朝的驿路分为三种，一是车道，二是马道，三是小道，它们是元朝政府的"神经和血液网络"，对维持政府在全国广大地区的统治具有重大的作用。

你怎么看？

窝阔台早年颇有作为，最后却酗酒而死，从他的人生经历中你能获得哪些启示和教训？

统一西藏功在千秋

坐镇凉州图霸业

窝阔台做大汗后，将今甘肃、青海及原西夏的属区封给了他的二儿子阔端，阔端就是大名鼎鼎的西凉王。

作为窝阔台的儿子，阔端也一度随父亲南征北战。1235年，窝阔台大军攻打南宋，驻守在巩昌（在今甘肃定西）的金国守将汪世显拒不投降。但听说是阔端领军打来，他居然马上向阔端投降。阔端非常诧异，问汪世显："金国已经灭亡了，你已经没有可以尽忠的君主了，为什么还要坚守？"

汪世显答道："我驻守的地方是战略要地，很多部队都想来抢夺。但是我觉得他们都不是真正的大将，也不是为城里的百姓着想，他们只是为了抢占地盘。这样的部队，我当然要反击。但是，今天大王您来了，我知道您不会残杀百姓，一定会给我们带来和平安宁，所以我才向您投降。"这番话说到了阔端的心坎儿里。阔端非常欣慰，他也很欣赏汪世显的能力，于是就带着他随军征伐。

阔端率领大军一路攻克甘肃、陕西，于次年占领四川重镇成都，但他最想做的是收服吐蕃（bō）（今西藏地区）。

本来自成吉思汗时起，一些吐蕃首领就开始向蒙古进献礼品。可成吉思汗逝世后，他们不再纳贡了，双方关系趋向紧张。

怎么解决吐蕃问题？阔端为此很伤脑筋，他想起了父亲的重托。原来窝阔台之所以封他做西凉王，就是希望他能以凉州作为后方基地，进而稳定吐蕃……阔端陷入了沉思。"不论有多艰难，我都要完成父亲的遗志。"阔端喃喃自语地说，"这吐蕃，主要就是凭借得天独厚的天险！我们攻城打仗的老办法是时候改改了。"

阔端小时候就和西北结了缘。早先在大汗的营帐里，阔端就听过号称《西凉乐》的胡旋舞曲，那是大汗举行隆重庆典活动和接待重要的外国宾客时演奏的。作为大汗的孩子，阔端和弟兄们在帐内一侧观看。那些乐曲热烈奔放，让人眼花

缭乱，目不暇接，恍若仙境。他看得入迷了，陶醉了……在蒙古人看来，凉州是个繁华富裕的地方，交通便捷，经济发达，连接着中土和西域，是千万里之外西域各国商人的目的地。突厥、回纥(hú)、波斯等地的商贾带来珠宝、玉石、香药，来这里交换中原的丝绸、瓷器。到了晚上，凉州城里的彩楼灯光璀璨，夜市热闹非凡……

"大王，属下们都在等您议政呢。"卫兵的报告打断了阔端的思绪，他这才从回忆中醒过来，站起身大步向议政堂走去。议题早已确定，那就是稳定凉州，进而收服吐蕃。阔端的手下们各抒己见，有人提出要安抚百姓，先稳定凉州；有人说要先去刺探吐蕃首领的想法，再做应对……

阔端听罢，目光炯炯地扫视着众人，加重语气说："大家想一想，父汗给我们的任务究竟是什么？我们看看地图就明白了。"阔端站起来，走到墙边，指着墙上的军事地图接着说："越过祁连山往南便是吐蕃人生活的雪域高原，神秘无比。其实，我们脚下的凉州也曾是吐蕃人的地盘，建立西夏的党项人就是吐蕃的近亲。今天的吐蕃虽说不及当时了，但威势犹在，不可小视，在我蒙古的后方虎视眈眈……"

阔端停顿了好一会儿，众人都随着他仔细地盯着地图，陷入沉思。阔端接着说："我们要一统天下，就要收服吐蕃，我们大家受大汗之命来到凉州，正是为了完成这个使命！我细致思考过了，这第一步，我们要复苏凉州的商贸，让它重新繁荣，焕发生机，成为我们稳固的大后方。第二步，就是要一举收服吐蕃！我常年随父兄征伐，深知凭借杀戮（lù）虽能一时攻占土地，却不能征服人心。这次，我不想在吐蕃大开杀戒。"

和平会谈开创历史

随着西凉的经济一天天恢复，阔端很快便开始统一吐蕃的具体行动。1240年，他派出了第一支部队前往吐蕃试探。当大军到达拉萨河上游的时候，当地宗教领袖表示愿意归顺，以求和平。阔端得知后，立即命人以皇帝圣旨的口吻给吐蕃最有威望的宗教领袖萨迦班智达（"班智达"是宗教称号）写了封信，表示希望和平接管吐蕃，继续承认萨迦班智达的地位，并随信送上了白银五大锭和一件镶满珍珠的袈裟。

萨迦班智达接到信后陷入了久久的沉思。有的随从非常气愤："蒙古人根本没有把我们放在眼里！他们这是威逼我们，如果我们不投降，他们就会派大军来征伐。"

"我们获得的情报显示，蒙古人以凉州为基地，已经为战争准备了很长时间。他们的目的就是占领我们的土地！"众人七嘴八舌，纷纷表示蒙古人居心叵测，千万不能上当。

只见萨迦班智达朝着佛像虔诚地行了礼，缓慢但有力地说："各位说得都有道理，我何尝不明白？但这不是一封简单的信函。吐蕃的未来和千百万人的性命，全在我们对这封信函的答复上！各位想想，当年我们先祖强大的时候，连中原最强盛的唐朝都派公主来和亲。可是眼下，我们这片土地四分五裂，不同的部族为了抢夺寺庙、土地和人口，互相攻伐不止。前不久，蒙古军前锋到了拉萨河上游,而那些部族领袖根本没有能力抵抗,为了自保他们直接就投降了。如果蒙古军队真的攻进来了,其他的部族也将如此,到那时,恐怕会有成千上万人无辜死去!"

众人闻听此言,都不再议论了。萨迦班智达老泪纵横,接着说:"我意已决,我要去和蒙古人谈判。"出发之前,他尽可能地召集各地领袖交换意见,一起谋划未来。

1244年,65岁高龄的萨迦班智达带着侄子们——10岁的八思巴和6岁的恰那多杰兄弟出发,前往凉州阔端驻地会谈,经过近两年的跋涉,他们才到达凉州。1247年,阔端与萨迦班智达举行了会谈。

会谈后,萨迦班智达以书信的形式向全体藏民宣告:西藏地方的僧俗官民,都要承认自己是蒙古大汗的臣民;西藏地方的寺庙由蒙古指派的宗教首领管理,西藏地区的各种行政事务,也由蒙古指派的官员管理。至此,西藏地区彻底并入蒙古帝国的版图。后来,元朝政府设宣政院,管理全国佛教及西藏事务,将西藏同中原各省一样管辖治理。

此后,萨迦班智达主要居住在凉州,一生都在为西藏事务奔走,阔端特地为他在凉州修建了一座幻化寺。7年后,72岁的萨迦班智达在幻化寺把衣钵传给侄子八思巴后,手执铃杵交叉胸前而圆寂。

（故事源自《元史》《萨迦世系史》）

知 识 卡 片

蒙古人自己的文字

蒙古人最开始没有文字,只能用结绳记事的原始方式记录信息。后来,成吉思汗命令用畏兀儿字母书写蒙古语,从而创制成畏兀儿蒙文。畏兀儿蒙文的字母最初只有十余个,元朝末年,又增加了几个字母,可以记录一百多个音节。后来,忽必烈命大喇嘛八思巴另创了蒙古字,就是八思巴蒙文,但畏兀儿蒙文在民间仍然非常流行。

南进受挫，西征中止

西征与南进

窝阔台去世后，蒙古统治集团中发生了激烈的王位争夺战，最终窝阔台的侄子蒙哥继承大汗位。在汗位争夺大战中，拔都对蒙哥的支持起了非常关键的作用，为了表示感谢，蒙哥承认拔都对钦察汗国的一切权力。

拔都和蒙哥继承了祖先热衷于军事扩张的基因。拔都是铁木真之孙、术赤之子，战功卓著，是蒙古第二次西征的主将之一，创造了许多战争神话，曾经重创号称欧洲最精锐的波兰骑兵。蒙哥则在公元1251年确定了再次西征和南进灭宋的计划，而具体执行这两项计划的就是蒙哥的弟弟旭烈兀和忽必烈。

1252年，也就是阔端收服吐蕃的同一年，旭烈兀率领10万大军进行了蒙古历史上最后一次大规模西征。这一次，蒙古军打到了中亚的巴格达，在招降失败后进行了惨绝人寰（huán）的大屠城，存在了五百多年的阿拉伯帝国阿拔斯王朝（中国人称其为"黑衣大食"）灭亡。接着，旭烈兀又把兵锋指向了叙利亚和埃及。

而在东方，1256年，蒙哥组织召开了忽里台大会，他在大会上让群将讨论怎样完成对南宋的统一战争。

和南宋打过仗的将领们纷纷发表看法，有人分析说："我们这次要吸取以往攻宋的教训。原来我们主要是全线进攻，现在是不是可以选取一个地方重点突破呢？"蒙哥点点头，他非常清楚，窝阔台当年全线进攻的方案导致兵力分散，使蒙古一直难以突破长江天险。

接下来的问题就是，如果要重点突破，这个"重点"应该是哪里呢？经过反复商讨，大家一致赞成先打四川。因为四川是南宋支持战争的财力、物力供应基地，战略地位相当重要；而且，一旦夺占四川，大军就可以从长江出三峡，顺流东下，直取临安。这样，经四川灭宋的战略就确定下来了。

蒙哥并不满足于制定一个作战计划，他那为战争流淌的热血又沸腾起来了，他兴奋地向群臣将领们宣布："这次南征，本汗决定亲自率军！"

一听这话，大伙儿面面相觑。

"大汗，南方水土与北地不同，天气炎热，雨水繁多，兵士因为水土不服，很容易滋生疾病，请大汗保重身体，不要冒这个险！"

"是啊是啊，就由我等在阵前厮杀，大汗在后方坐镇指挥，亲征之事还望大汗三思！"

将士们纷纷劝阻，但蒙哥对这些不管不顾，他迫不及待地要亲自披挂上阵，横刀立马，一统华夏，做蒙古历史上最厉害的大汗！

这次伐宋，蒙哥势在必得，做足了准备。他特别整肃了部队，严明了纪律。有士兵拔了老百姓的大葱，被蒙哥知道了，他便下令按照军法立即将他们斩首。蒙哥还听从建议，一改以往的屠杀政策，下令禁止滥杀无辜、抢劫财物。

1258年，蒙哥亲率4万大军，号称10万，由陕西进入四川。他命令驻守云南的将军取道广西前往湖南会和，又另派大将从河南出兵，形成呼应之势。

折鞭钓鱼城

1259年正月，蒙哥大军到达今四川南充，召开前线军事会议，商讨下一步的进军方案。有将领进言说："我们下一步的关键在于要不要攻打钓鱼城。据情报显示，此处位于嘉陵江、渠江、涪（fú）江交汇之处，下可控制三江展开的扇形地区，而且地势险峻，易守难攻。我们可以绕道东下，避开这里，先与湖北诸军会合，这样一定能取得最后的胜利。"

但是，这条建议被大家否决了，因为蒙古大军一路势如破竹，意满志骄，根本没有把小小的钓鱼城放在眼里。蒙古大军攻城，向来功成于顷刻之间，钓鱼城算得了什么？难道比中都、汴京这些重镇还要难打吗？将领们纷纷要求直接攻打钓鱼城，蒙哥同意了。

然而，事实如同那位反对攻城的将领所说，这巴掌大的钓鱼城就像一块难啃的硬骨头。蒙哥相继采取了诱降、强攻的办法，都失败了，接下来他只有"围城"一个方法了。

对！把钓鱼城团团围住，围得水泄不通，等城里的兵民耗尽了粮草，再攻城岂不是易如反掌？说不定他们还会不战而降呢。于是蒙哥命令部队原地休整，一连一个月没有发动攻势。其间，城中的宋兵每日站在城头上大声骂阵，蒙哥也丝毫不理会。

一个月后，蒙哥觉得城内粮草大概已所剩无几，是时候该重新发动攻击了，就组织了一支敢死队，准备再次攻城。他吸取了前两次失利的教训，决定采取"环攻"的战术，同时从东、北、西三面向钓鱼城发动强攻，但还是被守军打退。进入四月后，蒙哥又卷土重来，这次他乘着夜色突袭，一度攻入外城，但还是被守军打退了。此后，蒙古军遭遇了二十多天的暴雨，更没有进攻的条件了。

　　区区钓鱼城，蒙古军用了五种不同的战术，历时五个月，仍没有攻下。转眼到了夏季，说来奇怪，偏偏这一年的夏天奇热无比，田里的禾苗大片大片地枯死了。蒙古大军长期征战，加上水土不服，疫病开始在军中蔓延，病死了不少士兵，部队的战斗力大为减弱。蒙哥非常焦急，他从来没有遇到过这样的阻力，只好再次派人去招降钓鱼城守军，但还是没有结果。

蒙哥又气又急，但却无力强攻，又不甘心弃城撤军，只好下令加强对钓鱼城的封锁和监视，以待有利时机。为了观察城内的情况，蒙哥命人在西门外建筑瞭望台，并亲自到城下督视。一次战斗中，蒙哥被飞石打中，身负重伤，蒙古军被迫撤退。不久，蒙哥在今重庆北碚（bèi）因伤势过重去世。

蒙哥的死讯传到西征的前线，旭烈兀这才放弃继续攻打叙利亚和埃及，撤兵东返。此后，蒙古再无西征，蒙哥的死，再一次改变了历史。

（故事源自：《元史》）

知 识 卡 片

世界上最长的运河——京杭大运河

大运河始建于春秋时期，完成于隋朝，繁荣于唐宋。元朝定都大都（今北京）后，为了使水运南北相连，不再绕道洛阳，先后开凿了三段河道，即济州河、会通河和通惠河。这样就把原来以洛阳为中心的横向运河，改造成以大都为中心、南下直达杭州的纵向大运河，水上路程缩短了九百多公里。

京杭大运河是世界上里程最长、工程量最大的古代运河，也是最古老的运河之一，与长城、坎儿井并称为中国古代的三项伟大工程，并且使用至今。

你怎么看？

你认为蒙哥失败的主要原因是什么？

"历古所无"的元帝国

汗位属于强者

六月的北方河谷草原,漫山遍野的金莲花盛开了,大地像铺上了金黄的地毯,让人陶醉。它那圆圆的叶子,看起来很像缩小的荷叶;它那喇叭形的花,也像极了小小的荷花;一根茎枝上常常有很多小花,花色以黄、橙为主。金莲花在不同的地方花瓣不同,在金莲川,一般都是六到八片。

金莲川,是忽必烈特别喜欢的漠南之地。1252年他奉蒙哥之命率领大军越过大渡河,翻越大雪山,渡过金沙江,征服大理国后,班师回到这片美丽的草原。这是他第一次在大规模军事行动中崭露头角。

金莲花开了又落,六个春秋后,忽必烈率领中路大军又远征到长江中游的鄂州,准备协助大汗蒙哥展开对南宋的最后一击,随即惊闻蒙哥战死的消息。

蒙古不能一天没有大汗!忽必烈想起了爷爷成吉思汗的话,于是接受和南宋议和,自己则带领轻骑星夜兼程迅速北上,于1259年底抵达燕京(今北京)。他一面对争夺蒙古最高统治权的兄弟阿不里哥展开军事行动,一面加紧建立新帝国的准备工作。1260年忽必烈发布诏书称汗,决心改革旧制,宣告要让百姓过上幸福生活。

做蒙古大汗,也要做中原皇帝

"大汗,改革蒙古制度,只能慢慢进行,不然会遇到很大的阻力。"在忽必烈召见群臣商议国家大事的时候,刘秉忠趁机建议道,"我们既要努力争取蒙古贵族的支持,又要获得南方汉族民众的支持,这样才能战胜阿不里哥。"

刘秉忠原名刘侃,因信佛教改名子聪。忽必烈慧眼识珠,任用他为官,他便改名秉忠。他是忽必烈非常器重的汉族谋士,特别喜欢读书,尤其深入研究了《易经》等儒家经典,对天文、地理、律历、占卜也无不精通;他还特别熟悉蒙古国的制度,也深入研究了中原的文化和制度。

"那以你之见，我们要从何入手呢？"大汗喜欢直接发问。

"我们可以先学习中原历代贤明君主的惯例，仿照中原历代王朝的制度，设立年号，以向世人宣告大蒙古国顺应天意，统治四海，永世不绝。"刘秉忠早胸有成竹，对答如流。

"我们蒙古人的习惯是用十二生肖纪年，讲求的是轮回，与年号确实差异较大。但是，我不仅要统治蒙古草原，还要统治广大的中原地区，看来是有必要推行年号来表达我的决心和信心。我听说这年号要有美好的寓意，你觉得我们用什么年号好呢？"忽必烈又提出了新问题。

"中原向来遵从儒家学说，臣日夜研究儒经，觉得'中统'是个比较好的年号，

这寓意着大汗必将统一中华。'中统'还有正统的意思，这也可以向天下昭示大汗的帝国和中原的汉唐是一样的。"刘秉忠微笑着娓娓道来。

群臣都对刘秉忠的聪慧赞不绝口，忽必烈也非常高兴，他的心早已随着"中统"这个新年号驰骋万里，仿佛看到了天下已经一统，百姓安居乐业。

1260年五月，登上大汗位后仅一个月，忽必烈就下诏建年号"中统"，1260年就是"中统元年"。改年号为忽必烈赢得了更多的支持者，4年后，与他争夺大汗之位的兄弟阿里不哥投降。忽必烈的政权得到巩固，他立即下令恢复原金国旧都城燕京为中都，谋划据此向南方用兵，志在统一全国。

新的王朝要有新的首都

可是，蒙金战争对燕京破坏极大，根本不可能在原址上建立新都城。于是，忽必烈任命刘秉忠主持建城工作。为了建造新京城，刘秉忠终日在各处奔波，选址、设计，忙碌异常。

传说，他无论走到哪儿，总能看见前面不远的地方有个小孩在奔跑，而且不管他是慢慢走也好，放马急追也罢，那孩子离他总是那么不远不近的。刘秉忠终日操劳，也就没有特别放在心上，到了晚上还在谋划。有一天，那个孩子走进了帐子里，对刘秉忠说："你要在这里建都城确实很好，这个地方你是选对了。可是燕京城这地方有条孽（niè）龙，会引起大水灾，你必须请我来，按照我的样子建都城才能镇住它。"刘秉忠一惊，醒来发觉是个梦，但这也警醒他要全面考虑，绝对不能有任何疏漏。他和助手们日夜研究、考察，终于决定在燕京的东北建城，并设计好了图纸。

气势恢宏的新城开始动工营建了，刘秉忠创造性地对实际测量的全城中心做出明确标志，对后世影响深远。1285年，新城建设基本完成。巧合的是，这座新城南边的三座城门像是三个头，东西两侧各三座城门好像六条手臂，北边两座城门则似脚踏风火轮的双腿，因此民间又传说新都城就是"哪吒城"。

1271年，新城正在营建之时，忽必烈又定"元"为新国号，取代"蒙古"旧国号。"元"字来自儒家经典《易经》，意思是最、大，象征着从成吉思汗到忽必烈开创了"历古所无"的"大业"。元朝就这样诞生了，忽必烈史称元世祖，他既是"皇帝"，又是"大汗"。1273年，忽必烈正式改燕京为大都，作为元朝的都城。

建年号、建都城、改国号，是忽必烈在政权建设上吸收中原文化的几个重要步骤。为了稳定统治，他还在政治体制上借鉴中原制度，又参照唐朝的礼仪建立了新的朝仪礼制，维护了皇帝的权威。他和一大群汉族谋士努力探索，把蒙古制度和中原制度结合起来，开创了一个新时代。

（故事源自《元史》）

48　名言名句　应天者惟以至诚，拯民者莫如实惠。（〔元〕忽必烈）

北京城的前身——元大都

　　"大都"的意思是"大汗之居处"。元大都由元代名臣刘秉忠规划建设，是元代的都城。它的城址位于今北京市市区，北至元大都土城遗址，南至长安街，东西至二环路。元大都城市街道的布局，奠定了今日北京城的基本格局。现在，北京建有元大都城垣（yuán）遗址公园，公园内可以看见元代的北城墙和西城墙北段遗址。

你怎么看？

　　读到这里，你可能注意到了：中国历史上的少数民族政权如果要在中原地区巩固统治，多半会吸纳汉族文化。你认为这样做的理由是什么？

中华大地重归一统

稳定云南

　　到忽必烈称帝时，蒙古已经先后消灭了金和西夏，收服了吐蕃，地处今云南地区的大理国也臣服了蒙古。征服大理，要从当年蒙哥大汗伐宋说起，因为消灭大理的一大原因是要形成从西南包抄夹攻南宋的态势。平定大理的人，正是忽必烈。

　　1252年，蒙哥令当时总领漠南的忽必烈率军千里奔袭，直取大理。大理国已经有300年的历史了，国都大理城倚点苍山，傍洱海，易守难攻。当时大理国君叫段兴智，自己没有什么本领，被大臣高祥专权，成了傀儡，国力一天不如一天。面对蒙古大军，高祥做出了愚蠢的决定，他挟（xié）持段兴智，打开大理城大门，出城和蒙古军队决战。结果大理军队溃败，高祥落荒而逃。随后忽必烈乘夜攻城，拿下了大理，又派大将追击高祥，将其斩杀。两年后，段兴智投降，大理国灭亡。

大理国虽然灭亡了，但云南地区一直都不太稳定，甚至连朝廷派去的王爷也在那遇了害。现在对宋用兵到了很关键的时候，如果云南不稳定，势必会影响灭宋。忽必烈忧心如焚，紧急召见大臣谋士来商讨对策。

一位谋士分析道："问题的关键是要改变对云南的治理方式，否则那里可能永无宁日。我朝以行省制度管辖（xiá）地方，效果很好，在云南也不妨一试。"

忽必烈点点头。"嗯，云南是要设立行省……可派谁去好呢？"他思索了一会儿，想到了一个合适的人选——老将赛典赤。

赛典赤是回回人，出生于今乌兹别克斯坦地区。成吉思汗西征时，他才十几岁，主动归降蒙古，后来成了成吉思汗的贴身侍卫。到忽必烈，赛典赤已经先后辅佐过5位蒙古大汗，是"五朝元老"了。

63岁的赛典赤临危受命，一刻也不敢懈怠。"知己知彼，百战百胜"，他首先对云南地区的地理形势、风土民俗、民族情况等进行了深入、细致的调查。摸清了情况以后，他向忽必烈汇报道："云南是个多民族杂处的地方，百姓生活困苦，被迫反抗。要想长治久安，就要以缓解民族矛盾为先、为本，而不宜采取过激的军事行动。"

忽必烈非常高兴，任命赛典赤为云南行省的第一任行政长官，并赏赐了大量的钱财，由他全权处理云南事务。在赛典赤的治理和安抚下，云南各少数民族纷纷归顺朝廷。

决定命运的一战

听闻云南一天天稳定下来，忽必烈心里非常高兴，他终于可以把全部心思都用在对南宋的最后一击上。

自从蒙哥兵败钓鱼城，忽必烈和他的谋士们一直都在苦心思考灭宋的计划。这天，忽必烈又召集起谋士讨论，有人建议发挥蒙古军的优势来作战，还没等他说完，就有谋士辩驳道："我们过去采用的是骑兵作战、多点出击的战法，在西征中所向无敌，却啃不下赵宋这块骨头。宋人擅长的水战，我们不擅长；他们也不怕我们多点出击，我们攻破一个地方，他们经过休养生息，很快就会恢复元气，这是因为南方经济发达。"

忽必烈听了，非常赞同："和我所见略同啊！我看，我们既要发挥我军的优

51

势，同时也要弥补我们的短板。第一是要让宋人摸不准我们要从哪里进攻。当年蒙哥大汗选择从长江上游进攻，宋人就在这里重点布防。现在我们偏偏就不从这里进攻，让宋人的布防失去作用，他们的经济实力再强大，也经不起长时间的消耗。第二嘛，我们也要建立自己的水军部队。水上作战，蒙古人不擅长，那可以召集愿意为我们服务的汉人。"

果然，忽必烈并没有继续坚持蒙哥的进军路线，而是采纳南宋降将刘整的建议，选择进攻长江中游的襄（xiāng）阳，以图切断南宋的粮道。

襄阳守将吕文焕沉着应战，元军一连攻打了几个月都没有结果，便把襄阳城围了个水泄不通。三年过去了，襄阳还是没有被攻破。说来奇怪，忽必烈似乎一点也不着急，他只是命令继续围困，同时要提防前来救援的军队，务必将其一举击溃。

南宋朝廷派范文虎援救襄阳，被早就准备好的元军打得落花流水。南宋又派军中最勇猛的张顺、张贵前去救援。元军的舰船铺满了长江江面，此去九死一

生，但张顺、张贵和他们带领的三千壮士却丝毫不害怕。张贵带头领兵杀进敌阵，张顺紧跟在后面杀出一条血路。经过一番激战，双方都死伤了许多将士，江水被染成了红色……

几天后，张贵成功突破元军的封锁，进入襄阳城。正当襄阳军民欢欣鼓舞的时候，却不见张顺的身影。不久后，张顺的尸体被人们在江边找到，他怒目圆睁，身中数箭，在惨烈的战斗中殉国了。

没过多久，张贵也战死了。吕文焕听闻这个消息，痛心疾首地说："恐怕朝廷再也没有人敢来救援我们了！"在元军的强力攻击下，襄阳附近的樊（fán）城终于失守，襄阳变成了一座孤城。元军集合所有力量，还从千里之外调来了西域制造的火炮，继续猛烈进攻，襄阳外城很快被攻破。

"将军，请你下决心吧！我们不能这样白白送死啊！襄阳城的百姓是无辜的。我们现在效命的朝廷已经完全抛弃襄阳了！"不断有部下向吕文焕请求停战。这

时元军也表示,只要投降,可以保证襄阳军民平安无事,绝不屠城。

看着辛苦坚守了三年的将士们,吕文焕热泪滚滚,他明白自己已经无力回天了。为了几十万军民的生命,他最终投降了元朝。

襄阳失守,江南也就失去了最后的屏障。忽必烈派左丞相伯颜率军南下,元军势如破竹,长江两岸的城池纷纷放弃抵抗。伯颜兵分三路,直取南宋的都城临安(今杭州)。南宋派出七万兵马应战,结果惨败,随后几次挣扎也都落空。1726年正月,伯颜的大军来到临安城下,南宋的谢太后带着6岁的小皇帝赵㬎(xiǎn)开城请降。

伯颜先派人入城安抚百姓,禁止杀掠,封闭仓库,收缴了南宋的仪仗礼器、图书档案和大批财宝,运往大都。然后,伯颜亲自入城安置投降的皇室百官,他把南宋皇室和文武官员、宫廷内侍,统统装到一个大船队上,浩浩荡荡地沿着运河北上,送往大都。至此,南宋朝廷灭亡了。

3年后,忽必烈派兵海陆并举,在广东崖山歼灭了南宋残部,完成了对中国的最终统一。

(故事源自《元史》《元一统志》)

行省制度的首创

忽必烈建立元朝后,在朝廷设置中书省总领全国政务,时称"都省";又在全国设11个"行中书省",即岭北、辽阳、河南、江北、陕西、四川、甘肃、云南、江浙、江西、湖广,简称"行省"。今山东、山西、河北和内蒙古等地则称为"腹里",由中书省直辖。行省制度对后世产生了重要影响。

元朝设置的行省各有侧重。如设立在经济发达地区的江浙、湖广、江西三个行省主要是为了获取财富;设立在中原、关中及西南并驻有许多蒙古军团的陕西、四川、云南、河南四个行省,主要是出于军事上的考虑;岭北行省及辽阳、甘肃等行省,主要是为了控制蒙古诸王而设。

你怎么看?

吕文焕抗元六年后投降了元朝,人们对此褒贬不一。你怎样评价他的选择?

马可·波罗的回忆

数不尽的繁华

"贵客，很高兴和您合作，我为您准备了上好的江宁（今南京）丝绸，有数十种花色，还准备了刚到的成都锦缎，时下西域人最喜欢……"一位衣着华丽的江宁商人，滔滔不绝地向远道而来的欧洲商人介绍丝绸。

"啊！我的眼都看花了！货我都要了，给，这是我刚兑换的纸币。"

在往城里的大路上，欧洲商人看到路的两边都种上了笔直的树木，他们有时候还在大树下乘凉。进了江宁城，嘿，这里的道路居然是石头和砖铺成的，他们第一次没有被污泥弄脏双脚。如果不是亲眼所见，谁会相信中国竟是这么富庶美好的地方呢……

马可·波罗在监狱里回忆起他在中国的情景，两眼放光，脸上洋溢着幸福的笑容，他似乎完全忘记了自己战败被俘入狱的事。他思绪纷飞，看到的不再是牢房暗灰色的墙壁，而是花园般的杭州城，城里有一百多条大街，大街上人群熙熙攘攘，香料、珠宝、首饰不计其数；他闻到的不再是监狱中死亡和腐烂的气息，而是在宫殿里，皇帝招待他吃的水果牛奶冰酪的香味，那是乳酪冰冻之后加上些香草或者水果而做成的消暑的奶食，夏天吃是再合适不过的……

他的好朋友飞快地用法语在羊皮卷上书写着，时时露出惊讶和怀疑的表情，仿佛在说："我的朋友，难道这个世界上，还真有比我们威尼斯商业更发达的地方吗？"

历史也许要感谢威尼斯和热那亚的这场战争，如果不是威尼斯战败，马可·波罗一定不会以这样的方式讲出他游历中国的故事。

1254年，马可·波罗出生于欧洲著名商业城市威尼斯的一个商人世家，在他小时候，他父亲和叔叔就已经去过中国，还见到了元朝皇帝忽必烈。忽必烈很喜欢他们，并给了他们一项特殊的使命，希望能加强中国和欧洲在经济和文化上的交流。当他们历经艰难回到欧洲，马可·波罗已经15岁了，这次的亲人相聚，改变了这个少年的一生。两年后，朝气蓬勃的他终于和父亲一道踏上了重返中国的路途。一路上，他们遇到过战争，穿越了西亚各国，穿越了中亚魔鬼般的大沙漠，翻过帕米尔高原，进入新疆地区。用了漫长的三年半时间，终于到达大都城，见到了忽必烈。忽必烈大为高兴，兴致勃勃地听他们讲述沿途的经历和见闻，然后封他们做官，还让他们在中国居住。

马可·波罗高兴坏了，他决心要学好中国语言，以便更好地了解中国文化、更便捷地和中国人交流。后来，他能直接用蒙古语向忽必烈讲述欧洲各国的历史、风俗，忽必烈总是听得津津有味。看着年轻的孩子被皇帝器重，马可·波罗的父亲和叔叔也暂时打消了贩运商品的打算，决定好好在中国游历一番。

由于马可·波罗勤奋好学，办事认真仔细，聪明能干，忽必烈决定派他去各地考察，有时还去其他国家。借此机会，他四处游历。一晃17年过去了，刚从印度回

来的马可·波罗又接到了新任务——护送公主从海路远嫁到位于中亚地区的伊利汗国。

马可·波罗准备了14艘大船，带着公主一行上千人和忽必烈给伊利汗国国王准备的礼物，浩浩荡荡地从福建泉州港出发了。经过两年多时间的海上航行，有些人病死了，有些老死了，最后只有18人和公主顺利到达目的地。

回到家乡

这时，马可·波罗却听到一个噩耗——他的老朋友、皇帝忽必烈去世了。马可·波罗和父亲、叔叔决定不再回中国，而是回到家乡威尼斯。

1295年的一个黄昏，三个风尘仆仆的男人从一艘并不很大的带桨帆船上走了下来，在威尼斯的码头登岸，从神态到口音都带着一股外乡味儿。他们刚度过漫长的海上生活，两腿还不适应，走起路来摇摇晃晃。只见他们脚蹬高至膝盖的脏皮靴，身穿绸面皮袍，另有缎带紧系腰间。皮袄上的丝绸虽已有碗大的裂口，露出了里面的粗裘毛衬料，但仍然可见这些丝绸高贵的品质。这些破烂的大袍是蒙古式的，下摆只到膝盖，前胸用一排圆形铜纽扣扣住。

25年了，他们终于重新踏上家乡的土地。威尼斯已经发生了很大的变化，他们费了九牛二虎之力才找到家，敲响自己家门的时候，看门的大狗吠个不停，他们的家已经换了新主人。

原来亲人和邻居都以为他们已经不在人世，远方的亲属住进了他们的房子。一番盘问之后，新主人才勉强打开了房门。利用门闩开启的一刹那，三个人带着包袱闯进屋内。主人又惊又气，急忙召集威尼斯各处的亲戚来辨明究竟。大家你一言，我一语，问东问西，三个人讲得口干舌燥，终于说服了亲戚。三人奇迹般再回到威尼斯的消息一经传出，便在当地引起了巨大的轰动。

马可·波罗马不停蹄地前去觐见意大利国王，送上了来自中国的瓷器、玉器、刺绣品等特产。他还特地将冰奶酪的制作方法献给了王室，从此这种冷饮在整个欧洲风靡起来，后来演变为现代人熟悉的冰激凌。

这三位"异乡人"在家中按照中国宫廷礼仪摆下盛宴款待他们的亲友。三人穿着红袍，但在入席之前，又换上深红色的花缎袍子，而最初穿的衣服却剪成小片，分给仆人。吃饭时，三人又一同离座，各换一件深红色的天鹅绒长袍返回，再将花缎长袍撕开分送给席中的贵宾。吃完饭后，天鹅绒的长袍又被换成日常的衣服……

名言名句　我未曾说出我亲眼看见的事物的一半。（〔意大利〕马可·波罗）

这些举动令来宾们十分诧异，但更令人震惊的还在后面。筵席一撤，三人便命所有的仆人都退下，然后拿出他们回来时所穿的粗劣破旧的衣服。他们用刀子将衣缝和衣褶划开，五光十色的各种宝石和其他价值连城的宝物纷纷落下，堆满了桌子，光耀夺目。众宾客看得目瞪口呆，纷纷盛赞中国的富饶。

回到家乡三年后，马可·波罗参战被俘，在狱中他遇到了一位作家，于是就有了故事开头的那一幕。他的回忆被记录下来，这就是大名鼎鼎的《马可·波罗游记》。

从此，马可·波罗一行便成了欧洲人议论的话题，而他们口中关于东方的奇闻，更是引人入迷，让人陶醉。这激起了欧洲人对东方世界的好奇心，许多人开始走向东方，学习东方文化，促进了中西方之间的直接交往。马可·波罗的勇敢精神至今依然震撼着人们的心灵，激励着人们不断探索。

（故事源自《马可·波罗游记》）

知识卡片

领先世界的元朝纸币

中国是世界上最早使用纸币的国家，早在宋代就有使用纸币的历史记载。而纸币在全国大范围流通，却始于元朝，也唯有元朝采用纯纸钞流通体制。

元世祖忽必烈时，中央政府发行了中统交钞、中统宝钞和至元宝钞。这三种货币中，币值最稳定的是中统交钞，流通时间最长的是至元宝钞。当时对纸币的管理很严格，有一整套的管理措施，印刷、发行、旧钞换新钞等都有具体规定：最初用来印刷纸币的是木刻版，后来改为铜铸版；伪造纸币者死罪，且纸币上有"伪造者斩"字样；破损的纸钞，可以交给官方更换新钞，但需要付三十文钱手续费，后来减为二十文；官方要将收来的旧钞焚毁。元朝纸币是当时全世界管理最完备的一种货币，它的使用对后世和周边国家都产生了深远影响。

能打仗和会读书都很重要

伯颜出马再立新功

随着南宋的灭亡，亚欧大陆东部的土地基本都被元朝占有，就连欧洲的东北部也是元朝的领土了。当时蒙古各王都分有领土，形成了四个国家——钦察汗国、察合台汗国、窝阔台汗国、伊利汗国，元朝是它们的宗主国，但各汗国的一切内政都自主处理。窝阔台汗国的国王海都是窝阔台的孙子，向来不服忽必烈，屡屡反叛。这一次，他又联合钦察汗国一起造反，要与忽必烈争夺蒙古的大汗和中原皇帝的位置。忽必烈不得不召开紧急会议来商议对策。

大臣伯颜说："现在四个汗国基本上都听海都的调遣，他们想一窝蜂地造反。西北的边患不解决，我们就很难过上安稳日子。"忽必烈点头称是，对众人说："这么重要的军事行动，派谁去合适呢？"

话音一落，伯颜便毛遂自荐："臣愿领兵平叛！"忽必烈当即派遣他速速出发，务必克敌制胜。

伯颜是忽必烈的心腹重臣，当年就是他领兵灭宋，立下了赫赫战功。伯颜深知西北战局的重大意义，谋划好了万全之策。他命令大军发动攻击，但是只能败退，不能取胜，同时派人四处散播皇帝要立即诏令他回都城的消息。

就这样，一连五天，伯颜的军队五次败退。到了第六天，伯颜的命令依旧是继续败退。他手下的众将有些困惑，纷纷向伯颜发牢骚："再这样下去，我们的军队就没有任何战斗力了。将军，快下令进攻吧！"

但伯颜不为所动，说："我们的计策就是要诱敌深入。请各位想想，海都谋反，必定小心翼翼，十步九疑。我们就算取得小小的胜利，也必然打草惊蛇，他马上就会逃回老巢。所以千万不能让他跑了，要沉住气，引诱敌人进入我们布置的天罗地网，这样就可以来个瓮中捉鳖（biē）！"

海都果然上当了，他得意扬扬，眼见伯颜的军队一触即溃，心想伯颜马上要被朝廷撤换，根本没有任何心思作战，于是防备也就松懈了。

一天夜间，海都和部将们正在喝酒作乐，忽然听见营帐外面杀声震天。海都跑出来一看，黑压压的军队从四面八方攻进来了！平叛的大军生龙活虎一般，无人可挡。海都的部将溃不成军，大部队被打得惨败，他自己拼了死命才逃出包围。

伯颜得胜还朝后不久，在位35年的忽必烈就病逝了。几个月后，忽必烈的孙子铁穆耳继位，这就是元成宗。第二年，伯颜也因病去世了。

在这之后，海都虽然还是经常进犯边境，但是始终没有占到便宜。公元1299年，成宗的侄子、宁远王海山率兵讨伐海都。一次战斗中，海都集合了全部兵马准备决战，宁远王的军队处于劣势。在这紧要关头，宁远王亲自上阵，重创敌军，冒着箭雨杀出重围。一场拼杀，海都筋疲力尽，退兵而还，随后一命呜呼。

几年后，海都的儿子投降了元朝，被封为王，窝阔台汗国就此灭亡，其他几个汗国也老实了，西北地区持续了四十多年的叛乱终于结束了。

天下英才科举中来

公元1307年，元成宗病逝，那个击败海都的海山继位，是为元武宗。武宗继位不到五年，就因饮酒过度而死，年仅31岁，他的弟弟爱育黎拔力八达继位，这就是元仁宗。

仁宗小时候，教他读书的是汉人李孟。李孟从小天资聪敏，7岁就能写文章，胸怀大志，博闻强记，对于古今历史有独到的见解。作为皇子的老师，李孟深感责任重大，他觉得无论什么人，最重要的品德都是孝顺，因此在教导仁宗时便反复强调孝道。仁宗听取他的建议，尽心侍奉母亲，每日请安问候，母子间其乐融融，天下人都夸他是个大孝子。所以仁宗对李孟也越来越信任，经常向他请教，从他

那学了不少经世治国的道理，对儒家学说也越发倾慕。

后来，仁宗做了皇帝。这位皇帝和自己的祖先们不太一样，既不喜欢喝酒，也不喜欢打猎，反而喜欢读书，一门心思要把国家治理好。仁宗让李孟到中书省任职，李孟年纪大了，尽心尽力地干了几年，打算退休养老。仁宗心里不舍，苦苦挽留："先生一走，谁来辅佐朕啊！"

李孟笑着摆摆手道："陛下不必担忧，天子富有四海，天下英才都会来辅佐陛下。"

仁宗不解地问："那这天下的英才又从何而来？"

李孟答道："从科举中来。"

宋朝、金朝都实行科举考试的选官制度，元朝建国已经几十年了，却迟迟不

恢复科举，当官的有些是靠地方推举，有些是靠门第高贵，有些是从吏员里面提拔，但基本不经过考试。所以不少官员都没什么文化，大字不识几个。靠这样的官员，怎么能治理好国家呢；没有考试，平民百姓又怎么出头呢？

仁宗明白这个道理，但又很犹豫："科举不是我朝的祖制。再者，科举选拔出来的人，有些只会读书，成了书呆子，有些还勾结起来，祸害朝廷，朕担心……"

李孟答道："陛下不必担心。科举制利大于弊，选人时兼顾才学和品德，自然能兴利除弊。"

很快，仁宗就决定恢复科举取士制度，规定每三年举行一次考试，只要是年满25岁的读书人，都可以参加。不仅如此，仁宗还鼓励各地建立学校，国子监也要扩招。1313年，李孟受命主持了元朝的第一次科举考试。经过层层选拔，56人进入皇帝亲自主持的殿试，高中进士，为国家选拔了急需的人才。

（故事源自《元史》）

知 识 卡 片

纺织技术家黄道婆

黄道婆是松江府乌泥泾（今上海市）人，宋末元初著名的棉纺织家、技术改革家。她在海南生活了三十多年，从当地民众那里学到了一整套棉纺织加工技术。回到家乡后，她看到家乡的棉纺织技术十分落后，就根据本地棉纺织生产的需要，总结出一套融海南纺织技术与本地纺织工艺为一体的新技术。她将这套技术广传于人，不仅改善了乌泥泾和邻近地区百姓的生活，而且对明清两代江南农村和城镇的经济繁荣产生了深远影响，后人称她为"衣被天下"的女纺织技术家。

你怎么看？

如果你是元仁宗或者李孟，你会设置哪些考试内容，让科举能够选拔出既有才学又有品德的人才？

皇帝是个高危职业

彻查奸相铁木迭儿

在元仁宗的努力下，朝廷实行了多项改革，比如精简官员、清查田税等，政治上很有起色。作为一个爱学习的皇帝，仁宗还下令将一些汉文书籍翻译成蒙古文，发给蒙古族大臣阅读。但是，也有一些人利用皇帝的宽仁来谋取私利。

铁木迭儿是仁宗朝的中书宰相，他由于受皇太后的袒（tǎn）护，从武宗朝起便飞扬跋扈（báhù），横行朝野多年。为了搜刮钱财，他想出各种办法盘剥百姓和商人，搞得民怨沸腾。

一次，铁木迭儿收了贿赂（huìlù），要为杀人犯脱罪，却被御史抓住了把柄。四十多个御史一起到皇帝面前告他的状，把他这些年干的坏事全数落了一遍。仁宗非常愤怒，下令马上逮捕审问铁木迭儿。铁木迭儿听到风声，居然跑到皇太后宫中躲了起来，向太后说是皇帝抓错了人。太后不问青红皂白，就认为铁木迭儿

被冤枉了，对他说："你不要害怕，就住在我这，没人敢到这儿来抓你。"就把他藏了起来。

仁宗亲自到太后宫里要人，却被太后几句话给打发走了。结果，碍于太后的情面，仁宗只是免去了铁木迭儿的宰相之职，便不再追究此事。大臣们无不叹息，但又无可奈何。在太后的庇护下，铁木迭儿后来还升了官，更加肆意妄为，并狠狠地报复了那些和他作对的大臣。

没过几年，仁宗死了，儿子英宗继位。小皇帝才17岁，大政全由铁木迭儿代理。不久后，铁木迭儿和太皇太后相继去世，英宗这才亲政。

"启奏陛下，铁木迭儿虽然死了，但他罪孽滔天，人神共愤，请求陛下降旨彻查！"御史们终于等来了机会，集体向皇帝上奏，要求清算铁木迭儿的罪恶。

英宗连忙唤来丞相拜住一起商议。拜住是木华黎的后代，为人正直，忠心爱国，他完全支持御史们的意见，说："铁木迭儿确实是罪大恶极，据臣所知，他甚至还想谋害陛下您。如果不查清楚的话，他的党羽还会继续为非作歹。"

听了这话，英宗下定了决心。经过彻查，铁木迭儿一党的罪行终于大白于天下，英宗下令抄没铁木迭儿的家产，撤销铁木迭儿的一切官爵和封赠。

少年皇帝血洒荒原

英宗铲除了奸臣，又有拜住的辅佐，便开始着手进行改革。首先是启用有才能的汉族官员，其次是节约开支，特别是要减少对宗王的大规模赏赐。另外，英宗不愿宽恕他的对手，同时为了防范老百姓造反，下令不准赦免罪犯。

铁木迭儿有个干儿子叫铁失，铁失的妹妹就是英宗的皇后。铁木迭儿彻底倒了台，铁失也丢了官、获了罪，不过他还是经常向妹妹打听："皇上最近说了些什么？义父的事情还会不会再追究下去？"

原来，铁失根本没有什么才能，他能在朝廷做官，完全是铁木迭儿一手安排的。至于皇后，自然也是铁木迭儿专门安排到皇帝身边的。现在，朝廷不准赦免罪犯，铁失整日提心吊胆，总害怕有一天自己会像干爹那样被清算。

说来也怪，这一阵子，英宗总感觉心神不宁。皇后很担心，于是请哥哥来商议。铁失觉得机会来了，他知道英宗深信佛法，马上出主意说："恐怕只有请得道的高僧来，做几场像样的法事，才能为皇上消灾祈福。"皇后同意了。

铁失立即暗中联系僧侣，并用金钱贿赂他们，让他们上奏，说皇上是受了惊吓，国家恐怕也会有危险，因此要大做法事，还要大赦天下，方可消灾。

　　拜住听闻此事，把这些僧侣训斥了一通，并立即向英宗进言说："陛下可能是偶感风寒，服药休息即可康复，切不可铺张浪费，大做法事！"英宗也觉得身体逐渐好了起来，于是就取消了法事，大赦天下自然也无从谈起了。

　　眼看自己的计划泡了汤，铁失恨得牙根儿痒痒，恨不得亲手杀了拜住。铁失秘密召集起那些同样丢官戴罪的同党，对他们说："现在我们最后的希望也破灭了，拜住和皇帝是要把我们赶尽杀绝啊！这个昏君只知道任用拜住和汉人，根本不把我们放在眼里！更何况，削夺宗王的赏赐，便宜那些外人，违反我们蒙古的祖制！"

　　"干脆我们一不做，二不休，杀了拜住和昏君！"

　　"对！杀了他们，他们一天不死，我们一天不得安生！"铁失的同党们也叫嚣起来。

　　铁失冷笑了一下，恶狠狠地说："没错，我们只有先下手为强！我已经派人去秘密联系晋王，小皇帝一死，我们就扶晋王上位。现在是万事俱备，只欠东风。"

　　"那还等什么？赶快下手吧！就让那狗皇帝死在回京的路上！"

　　就这样，一个骇人听闻的阴谋达成了。

　　当时，英宗正在从上都（在今内蒙古锡林郭勒）回京的途中，当晚留宿在一个叫南坡店的地方。铁失密令自己的心腹看住皇帝，自己带领一队人马先去刺杀拜住。

　　拜住正要休息，听到外面的喧哗声，出来察看，只见一群人举刀冲杀过来。拜住厉声喝道："你们是什么人，胆敢在这里喧闹！"话音刚落，就被杀害。

　　见拜住被杀，铁失立即带领人马冲向皇帝的寝帐。这时英宗已经就寝，听到喧闹声，正待披衣起身查看，乱党破门而入，可怜的皇帝就这样死于乱刀之下，年仅21岁，在位仅仅三年。

　　晋王顺势登上皇位，随即将铁失一伙处死。晋王就是泰定帝。

（故事源自《元史》）

你怎么看?

　元仁宗对母亲"百依百顺"，致使奸相肆意妄为，你认为子女应该怎样对待父母的意见?

昏君政乱百姓困苦

泰定帝消极怠工又迷信

泰定帝做晋王时长期镇守漠北，从来没想过自己有一天会到中原做皇帝，对于这份"新工作"，他心里没什么底。他登基时，引人注目的反倒是他的继位诏书。这封诏书是用蒙古文写成的，但是泰定帝身边的人都不太了解汉文化，仓促之间只能将蒙古文直接翻译成汉文，满篇都是大白话，读起来十分可笑。泰定帝常问周围的近臣一个问题：英宗皇帝被害，是不是说明在中原做皇帝危机四伏呢？

近臣们一时也不知道怎么回答，于是想了个主意：皇帝再问这种问题，他们就请皇帝去喝酒、打猎——皇上不管这些烦心事，天下不就太平了吗？一来二去，朝堂上就不见了皇帝的身影。泰定帝干脆跑到上都去，连中书宰相张珪（guī）想见他一面，也成了难事。

张珪是忽必烈时代的将军张弘范的儿子，他少年时能拉引硬弓，箭术好得很。有一次，他跟随他父亲经过树林，遇到了老虎。他一点儿也不怕，径直迎上前去。老虎像人一样站起来要扑他，张珪早就抽箭搭弓，只听"嗖"的一声，一箭射穿了虎喉，随从们都欢呼起来。从此张珪声名远播，后来又做了将军。泰定帝也听说张珪不仅武艺出众，做官也是刚直不阿，就任命他为宰相。

可现在，宰相连皇帝的面都见不着。张珪心中十分焦急，再这样下去，国家不就完了吗？

"要陛下理政，恐怕确实有些困难。想想陛下的即位诏书吧，陛下对中原的文化了解得不多啊。"有一个中书官员向张珪建言说。

另一个中书官员也悄悄说道："陛下对我们这些汉官没什么兴趣，器重的都是从漠北带来的蒙古人。"

正直的张珪有些坐不住了，他坚定地说："我们身担重任，不能坐视不管。就算陛下不喜欢，我们也要秉忠进言。"说完，他写下了一封长长的奏表，准备上呈

泰定帝，希望泰定帝能为了天下苍生、祖宗社稷，及早革新政治。

张珪刚刚写完，员外郎就拿着朗读起来。大家听完，纷纷夸赞："写得好！把当前国家的弊端都说出来了，如果陛下能够逐一施行改革，那真是国家的幸事！"张珪请助手工整地抄写了一份，署上了各位官员的姓名便去见泰定帝。

费了九牛二虎之力，奏表终于呈送到泰定帝面前，没想到泰定帝看了一会儿就放下了，只是淡淡地说："爱卿辛苦了，先到驿馆去休息吧。"

张珪只好回到驿站里干等，等了好几天也没有消息，心里非常苦闷。他没有灰心，再次上奏，但泰定帝仍然只是让他好好休息。

这几天，张珪一直都在驿站等待，他看到不断有人前来奏报各地的灾情：江淮地区又有水灾发生；北方突降大雪，夹杂着鸡蛋大小的冰雹，百姓受灾严重……泰定帝命人前去救灾，但自己仍然住在上都，根本没有要回大都的迹象。

张珪总算明白了，眼下的这位皇帝长期生活在漠北，甚至不太会说汉语；他总是关心英宗为什么被杀，难道他觉得这是因为英宗大量任用汉族官僚，采用汉法来治理国家的缘故吗？想到这里，张珪不禁打了个冷战：怪不得皇帝一心要恢复蒙古的"祖制"和蒙古贵族的特权，而对他的奏章丝毫不感兴趣！

"那我还在朝廷里做什么？上不能报效国家，下不能为万民请命，只有辞官归田了。"张珪长叹一声，决心辞官回家。泰定帝没有批准，总算答应回到大都去主政。然而，泰定帝回京之后依然故我，张珪直到逝世，也没有等来政治改革。

张珪去世后，朝中少了一个忠臣，泰定帝更加不理政事，一心向佛。他自己受了戒，还下令在全国各地修建佛寺，大做法事，花费亿万，觉得这样才能换来国家的长治久安。

但这根本没有什么用处，南方的水灾还是连年发生，北方的蝗灾更是触目惊心，雷击、地震、海啸，各地的灾报像雪片一样飞向大都。泰定帝只是和僧人念佛求经，顶礼膜拜，消灾祈福，又派出官员前往全国名山大川进行祭祀。不到五年，这个迷信的皇帝就死了。

元文宗两次继位

泰定帝去世后，皇位的继承又成了一个问题，朝廷陷入一片混乱。

当年，元武宗和弟弟元仁宗约定，两家儿子轮流做皇帝。谁想仁宗继位后，就翻脸不认账了，立了自己的儿子英宗。但是在武宗老臣的眼里，帝位就应该是武宗一脉的，仁宗以后的皇帝都是"窃居帝位"。因此，泰定帝死后，在大都的权臣，也是武宗的旧臣、掌握军权的燕帖木儿先发制人，趁百官聚会议事之机，带兵包围了朝堂，逼迫群臣"还政"。燕帖木儿杀了几个提出质疑的人，上前厉声喝道："天下正统归于武宗一脉，有敢不从者，等同谋乱，杀无赦！"大臣们看着他手里明晃晃的大刀，只得顺从。

燕帖木儿将泰定帝的心腹大臣一律关进大牢，四处调兵遣将，守御关隘，屯兵大都，然后拥立武宗第二个儿子图帖睦尔为新君，这就是元文宗。泰定帝的一帮旧臣自然不甘心失败，针锋相对地在上都拥立泰定帝9岁的儿子为皇帝，说燕帖木儿祸乱朝廷，罪该万死，并从漠北纠结人马，要一举攻入大都，铲除奸佞。

双方展开了激烈的军事斗争。燕帖木儿老谋深算，打败了来自漠北的几路人

马，一路高歌猛进，攻克上都，那个9岁的小皇帝也被害了。

除去了最大的敌人，文宗还是没有完全放心，对燕帖木儿说："我大哥远在朔漠，我哪敢紊（wěn）乱帝位的继承顺序呢！我本来也只是打算暂时代理国政而已。我们现在把他接回来做皇帝吧。"燕帖木儿起初不以为然，但在文宗的一再坚持下，武宗的大儿子、文宗的哥哥和世瓎（là）还是被接到大都，兄弟俩终于团聚了。

和世瓎不再谦让，做了新皇帝，这就是明宗。但是，文宗并不是真心实意地把皇位让给哥哥，而是让哥哥离开原来的地盘，自己再和燕帖木儿一起找机会将他置于死地，这样，文宗才能真正高枕无忧、名正言顺地做皇帝。不久后，宫中传出明宗暴病而死的消息，文宗终于如愿以偿，再次继位。燕帖木儿这位大"功臣"自然就更加不可一世。

没想到，短短四年后文宗也暴病身亡了。临终前，他悲痛万分地说："我一生中最大的错误就是杀害了自己的兄长，被良心折磨一辈子，每天都不能安然入睡。现在后悔也晚了，我死后，哪还有脸再去见大哥啊！为了弥补过错，我决定将帝位传给大哥的长子。"

从泰定帝到明宗、文宗，前后不到十年，元朝统治者们争权夺利，斗得你死我活，却丝毫不关心人民的生死，政治越来越走向黑暗。

（故事源自《元史》）

你怎么看？

你认为张珪辞官的原因有哪些？除了辞官，张珪还有没有办法能改变元朝统治者的态度呢？

内斗不休帝国衰落

朝堂之上兵戎相见

元文宗病逝后，经过一番宫廷争斗，明宗13岁的大儿子妥懽（huān）帖睦尔被立为皇帝，后人称他为元顺帝，他是元朝在位时间最长的皇帝，统治了38年，比元世祖忽必烈还要多四年。

顺帝继位之前，权臣燕帖木儿就病死了，顺帝准许他的儿子唐其势继承其"太平王"的爵位，做本朝丞相；又封伯颜（与忽必烈时的丞相伯颜重名）为秦王，也出任丞相，位在唐其势之上。

伯颜曾和燕帖木儿曾同朝做官，担任要职，燕帖木儿去世后，伯颜就成了朝廷中不可一世的权臣，唐其势对此非常不满，二人之间的矛盾越来越大。

这天，唐其势在宫中面见皇后，也就是他姐姐，向她抱怨说："现在伯颜一手遮天，皇上根本不把我们家族放在眼里，这可如何是好！"

皇后连忙劝他说："父亲在世的时候，势力太大，遭人妒忌，给我们留下了不少敌人。我们现在还是要小心为上，不要直接和伯颜对抗，免得惹火烧身。"

唐其势不以为然，大声说道："怕什么！伯颜不除，我食不甘味，夜不安寝！"旁边的仆人都被他吓坏了。

消息很快就传到了伯颜和顺帝的耳中，顺帝早就想找机会彻底铲除燕帖木儿的势力，于是命令伯颜做好一切准备。

唐其势果然动手了，结果不仅没有诛杀伯颜，反而被伯颜活捉。唐其势和一起造反的弟弟被押到皇宫，请求皇帝亲自审讯自己。顺帝什么好话也没有说，伯颜立即下令将唐其势处死。

唐其势的弟弟怕得要命，跑到皇后身后躲了起来，伯颜令人将其牵出处死，又对顺帝说："陛下，唐其势兄弟大逆不道，罪该万死。皇后遮掩兄弟，恐怕也是乱党的一份子，请陛下大义灭亲！"

皇后吓得半死，连忙替自己申辩，希望皇帝能救自己一命。但顺帝本来就不

太喜欢皇后，之所以封她为后主要是因为燕帖木儿的势力过于强大，便对皇后说："你们家族逆反，已经是铁证如山，我也无可奈何。"

最终，皇后也为弟弟们殉了葬，曾经不可一世的燕帖木儿家族势力就此覆灭。

改革变成"开倒车"

顺帝登位没几年，黄河泛滥，淮河流域大旱；汴梁居然下起了血雨，把行人的衣服都染红了；大都遭遇了强烈地震，方圆百里山崩地裂，死了不少人……天下人都希望皇帝体恤百姓，能有所作为，革新政治。

诛灭叛党之后，伯颜的势力更加强大了，他一直忙于政治斗争，镇压和他作对的人，对越来越严重的自然灾害和百姓的死却活漠不关心。不过，他还真的拉开

了"革新"的大幕。

　　江浙行省的长官升任宰相后，向伯颜提出废除科举考试的建议，说道："现在国家财政困难，灾害多发，到处都需要救济。我在江浙的时候组织过科举考试，花费巨大。取消考试，不仅节约了经费，还可以把学堂的田地分给军队耕种，这样就能安稳军心，增收粮食。"

　　伯颜一听，觉得很有道理，于是向皇帝奏报："科举考试根本不能选拔人才，很多人的功名都是靠贿赂考官得来的。况且每年由科举任命的官员只有三十多人，根本就是杯水车薪。科举完全是可有可无，本来也不是蒙古祖制，请陛下考虑废除科举。"

　　虽然不少大臣极力反对，但顺帝最终还是听从了伯颜的意见，下令废除科举考试，将学堂的田地分给了军队。军队白白得到了许多土地，非常感激伯颜，伯颜更加不可一世。

伯颜还搞了不少像这样的"革新"，但实际上是倒退，社会矛盾被激化，各地百姓纷纷揭竿而起，朝廷不得不下令严禁民间私藏兵器并收缴马匹。1337年，伯颜派兵平定了广东、河南的汉民起义后，上奏顺帝，建议杀光张、王、刘、李、赵五姓汉人，以绝后患。他的奏报引起了很多人的不安，顺帝也吓得不轻，连忙将其否决。

大义灭亲做宰相

伯颜还在皇帝身边安排了他的侄儿脱脱掌管军事。与伯颜不同，脱脱是个正直的人，他见伯父横行霸道，十分担心自己的家族将来也会重蹈铁木迭儿和燕帖木儿的覆辙，但自己又没有办法规劝。正在无计可施的时候，脱脱想起了恩师吴直方。吴直方耿介正直，与脱脱亦师亦友。脱脱秘密来到吴家求教，吴直方点拨道："事关国家社稷，古人云'大义灭亲'，你应该为国家效忠，不要徇私情。"

脱脱想了想，拜谢恩师后就回去了。

一天，脱脱见顺帝愁眉不展，便上前宽慰，并表示自己愿意舍家报国，为皇上分忧解难。顺帝当然不能轻易相信脱脱的话，密令心腹监视脱脱。一来二去，脱脱和皇帝的心腹们也成了朋友，大家志同道合，经常在一起谈论国家的前途。

伯颜还是不遗余力地要打击汉族势力，巩固蒙古贵族的统治，当他听说河南省臣被杀与汉人官僚有关，就不分青红皂白地要求皇帝立即取消汉人做高官的资格。脱脱想要阻止，一时找不到合适的理由，于是又去请教恩师。吴直方说："部分高官任用汉人是祖宗定的制度，绝不可废，否则朝廷无法治理广大的汉族地区，国家有分崩离析的危险。"

脱脱把这话作为自己的意见上奏皇帝，顺宗觉得很有道理，同时又问脱脱："你这样做不是就得罪伯父了吗？"脱脱坚定地答道："我是朝中大臣，自然要为国家考虑，小家私情怎比得上国家社稷！公是公，私是私，请陛下放心。"

脱脱的这些话传到了伯颜耳朵里，伯颜非常生气，认为脱脱不识大体，偏袒汉人，请求皇帝处分脱脱。顺帝说："这都是朕的意思，脱脱无罪。"从此以后，顺帝就更加信任脱脱。最终，在脱脱的帮助下，伯颜被抓，后来死在流放的路途中。

顺帝加封脱脱为相，掌管军国大事。脱脱一改伯颜旧政，恢复了科举考试，实行了一些有利于民生的措施，天下百姓的生计有了一定的改善。

（故事源自《元史》）

你怎么看？

你怎么看待伯颜要废除科举的理由？你认为一个国家是否需要通过考试来选拔人才？

元王朝的落幕

脱脱改革无力回天

脱脱的改革让腐朽的元朝焕发了一丝生机，但顺帝生性优柔寡断，统治集团内部分裂成几派，彼此间的矛盾越来越复杂，斗争不止。许多有能力的人隐居起来，不愿再过问朝政。

面对严重的社会问题，脱脱从整顿财政入手，寄希望于货币改革。他认为本朝的货币流通太久，假币泛滥，因此需要发行新的纸钞，同时也允许铜钱流通。许多大臣不明就里，只是一味附和，唯有吕思诚表示强烈反对，说："这个办法只是看起来不错，实际上是在掠夺百姓。老百姓喜欢储藏铜钱，不喜欢储藏钞票。

市面上的钞票增多，铜钱肯定就会变少，贸易就会紊乱。"

有人反驳道："过去的旧钞发行多年，假钞早已泛滥，只有发行新钞才能解决假钞过多的问题。"

吕思诚反问道："难道新钞就不会有假钞吗？这哪里是长久之计！"

大臣们争论不休，脱脱听得头都大了："吕思诚说的固然有道理，可眼下也没有别的好办法了。况且军队正在各地平乱，不可一日无军饷啊！"

大家听了这话，都闭了嘴，面面相觑（qù）。脱脱叹了口气，自言自语道："唉，也只有死马当成活马医了！"

新钞很快就在全国发行了，市面上果然出现了纸钞多铜钱少的现象，物价飞涨了近十倍，有些地方的百姓只能以物易物。正如吕思诚所说，老百姓又被搜刮了一番，这样虽然解决了朝廷的燃眉之急，但是从长远看，无疑是竭泽而渔。

朝廷的压榨越来越重，各地百姓的反抗斗争接连不断，民间四处流传着歌谣，鼓动造反，像什么"天高皇帝远，民少相公多，一日三遍打，不反又如何"，等等。此时的元朝就像一个巨大的火药桶，只要有一点火星，就会引发一场大爆炸。

正在这个时候，黄河发生了严重的决堤事故。

百姓反抗风起云涌

过去，南宋政府为了防御北方强敌，不惜掘毁河堤，强行让黄河改道南流，从淮河河道入海，好让北方多一道天然屏障。但自此以来，黄河几乎年年泛滥，变成了巨大的隐患，元朝政府也只能在前代的河道上修修补补。公元1344年初夏，大雨滂沱，一连下了20

天还不停息，黄河暴涨，河堤不堪重负，相继决口。

脱脱紧急召集官员商讨对策。新任命的水监和工部郎中贾鲁曾经亲自探察河道，对黄河的情况比较了解，他提出了两条建议：一是修建北堤，解决当下的问题，这是用工最少的；二是恢复黄河故道，疏通和筑堤并举，这样可以根除隐患，但花费和工程量都非常大。

由于黄河泛滥不仅影响几千万百姓的生计，更重要的是也影响了运河的航行，必然会对元朝濒临崩溃的经济和大都的供应造成更大的破坏。因此，脱脱一咬牙，决心要根治泛滥的黄河。到这一年初冬时，贾鲁征发了15万民工和两万多士兵，终于把决口堵住，使黄河回归了故道。

然而，在长达数月的施工过程中，监工的官员贪污成风，又欺软怕硬，军队惹不起，就采取各种手段克扣民工的钱粮。天气寒冷，许多身体差的劳工就累死

在了河堤上，尸体直接被丢到河水里冲走。

有一天，河工们在挖土的时候挖出了一个石像，洗净泥土仔细一看，原来是个只有一只眼睛的怪人。大伙儿觉得这是上天的警示，顿时群情激奋，纷纷高喊："莫道石人一只眼，此物一出天下反！"河堤上的人都躁动起来。贾鲁见状，急忙报告上司，费了好大劲儿才压住了这次反抗。

但是，各地百姓的反抗已经像熊熊烈火，不可扑灭了。1353年，张士诚起兵反元，占据高邮。朝廷赋予脱脱各种大权，命他立刻领军征讨，又从西北发兵来助。大军浩浩荡荡，旌旗蔽空，金鼓震地，连战皆捷。眼看脱脱就要取得最后的胜利，忽然，一道圣旨降下，削夺了脱脱的军权和官爵，又抄了他的家。张士诚趁机反攻，转危为安。后来，顺帝又把脱脱一贬再贬，最后令脱脱服毒自尽。

脱脱死了，元朝最后的一根支柱也倒了。红巾军在各地起义，让官府闻风丧

胆；江淮百姓也揭竿而起，将元朝拦腰截成两段，运河与海运都被切断了；镇压起义的将领毫无建树，连连败绩；河北地区又遭受了严重的蝗灾，禾苗都被蝗虫吃光了，大批饥饿的流民涌进大都，饿死的尸体布满了街道，官府不得不挖万人坑来掩埋……可是，顺帝对这一切不管不顾，只知在宫中享乐，还造了艘豪华的龙舟，成天和嫔妃宫女在上面玩乐。

顺帝北逃，元朝灭亡

元朝的统治摇摇欲坠了，中原大地上，几股割据势力争夺天下。最终，朱元璋消灭了陈友谅、张士诚、方国珍等对手，于1368年在南京登基，建立明朝，改元"洪武"，随后北伐，要一举消灭元朝。没过多久，明朝大将徐达就打到了通州。顺帝吓得手忙脚乱，急忙带着皇后和嫔妃往北逃窜。明军占领大都，改大都为北

平，意为"北方平定"。

逃到漠北的顺帝仍然使用"大元"这个国号，但元朝在中国的统治实际上已经结束了，历史上称这个政权为"北元"。北元一直力图恢复在全国的统治，先后三次南下攻打北平，都失败了。

1370年，元顺帝病逝，庙号惠宗。朱元璋认为他主动放弃大都北逃，是"知顺天命"的表现，于是给他了"顺帝"的谥号。

后来，明朝多次对北元用兵，尽管取得了一些胜利，但明军也为此伤亡了四十多万人。朱元璋深感平定北方不易，于是改变战略，以防御为主，同时送还俘虏，与北元议和，稳定了北方局势。经过十多年的休养生息，1387年，朱元璋再次派20万大军北伐，一年后，彻底击败了北元军队。

蒙古帝国的疆土不久后也土崩瓦解了，三大汗国彼此间经过长期战争，都发生了很大的改变。其中，察合台汗国出了个骁勇善战的首领帖木儿，他后来自行建国，兼并了原钦察汗国等领土，进军印度、埃及，声威大震。听闻明朝发生了靖难之变，帖木儿召集蒙古王族，大举东进，想要夺取中原，复兴忽必烈的伟业。结果，他在东进途中一病不起，他建立的帝国也分崩离析。那个成吉思汗和忽必烈创建的帝国与王朝，退出了历史舞台的中心。

（故事源自《元史》）

你怎么看？

黄河在历史上常常因为政治原因而改道，改道后又常常泛滥，给百姓带来无尽的灾难。关于人类和自然相处的问题，你怎么看？